纪伯伦论人生

[黎] 纪伯伦 (著)
李唯中 (译)

世纪出版集团 上海人民出版社

图书在版编目(CIP)数据

纪伯伦论人生 /(黎巴嫩)纪伯伦(Gibran, K.)著；
李唯中译.—上海：上海人民出版社,2013
（名家论人生）
ISBN 978-7-208-11647-4

Ⅰ.①纪… Ⅱ.①纪… ②李… Ⅲ.①纪伯伦,
K.(1883~1931)-人生哲学 Ⅳ.①B821

中国版本图书馆 CIP 数据核字(2013)第 218913 号

世纪文鬶 出品
Century Literature

出 品 人 邵　敏
责任编辑 邵　敏 崔　琛
封面装帧 范乐春

纪伯伦论人生
(黎)纪伯伦 著
李唯中 译

世纪出版集团
上海人民出版社出版
(200001　上海福建中路 193 号　www.ewen.cc)
世纪出版集团发行中心发行
常熟市兴达印刷有限公司印刷
开本 890×1240　1/32　印张 6　插页 2　字数 110,000
2013 年 12 月第 1 版　2013 年 12 月第 1 次印刷
ISBN 978-7-208-11647-4/B·1002
定价 25.00 元

目 录

论爱

爱是一种神圣的秘密。

爱,对于那些爱者来说,永远是不言而喻的。

爱,对于那些不爱者来说,也许只是冷酷的戏言。

拂晓,爱神把我从睡梦中唤醒,领着我走向遥远的旷野;正午,爱神将把我带到树荫下,与百鸟一起躲避烈日的灼热,欢快乘凉;黄昏,爱神让我面对日落之地,让我聆听大自然告别光明时唱的歌,让我观赏寂静的幻影遨游在空中的壮景;夜晚,爱神拥抱着我,我安然进入梦乡,梦游情侣、诗人灵魂居住的天堂。春天里,我与爱神并肩漫步,踏着生命用紫罗兰和延命菊①画出的足迹,用水仙花和百合花杯喝着剩余的甘霖,在丘山和坡地之间欣然吟唱;夏天里,我与爱神头枕干草捆,下铺青草作褥,上盖蓝天当被,与月亮、星辰亲切夜谈;秋天里,我将与爱神一起去葡萄园,坐在榨汁机旁,观看正在脱掉金黄色衣裳的树木,仰望向海岸迁徙的鸟群;冬天里,我将与爱神相互依偎在炉火旁,讲述历代故事,重温各国与各民族的史迹。青年时代,爱神将成为我的导师;中年时代,爱神将成为我的助手;老年时代,爱神将成为我的慰藉。

爱向你们示意,你们就跟他走,
　　即使道路崎岖,坡斜陡滑。
　　如果爱向你们展开双翅,你就服从之,
　　即使藏在羽翮中的利剑会伤着你们。
　　如果爱对你们说什么,你们只管相信他,
　　即使他的声音惊扰了你们的美梦,犹如北风将园林吹得花木凋零。

爱为你们戴上冠冕的同时,也会把你们钉在十字架上。
　　爱能强壮你们的骨干,同时也要修剪你们的枝条。
　　爱能升腾到你们天际的至高处,抚弄你们那摇曳在阳光里的柔嫩细枝。
　　爱同样能沉入你们那伸进泥土里的根部,并将根部动摇。

爱把你们抱在怀里,如同抱着一捆麦子。
　　爱把你们舂打,以使你们赤体裸身。
　　爱把你们过筛子,以便筛去外壳。

爱把你们磨成面粉。

爱把你们和成面团，让你们变得柔软。

爱再把你们放在他的圣殿里的火上，以期让你们变成上帝圣筵上的神圣面包。

爱如此摆弄你们，为的是让你们知道你们心中的秘密。依靠这一见识，你们就能成为存在之心的一片碎屑。

如果你们心存恐惧，只想在爱中寻求安逸和享受，

那么，你们最好遮盖起自己的裸体，逃离爱的打谷场，

走向一个没有季节更替的世界；在那里，你们可以笑，但笑得不尽情；在那里，你们可以哭，但眼泪淌不完。

爱，除了自己，既不给予，也不索取。

爱，既不占有，也不被任何人占有。

爱，仅仅满足于自己而已。

当你爱的时候，你不要说"上帝在我心中"，

而要说"我在上帝心中"。

你切莫以为自己能够指引爱之行程。

爱会引导你，如果发现你适于引导。

爱除了实现自我，别无所求。

当你爱时，而且还要伴随着某些愿望，那就把这些作为你的愿望吧：

融化自己，让自己变得像一条流淌的溪水，对夜色哼唱

小曲；

感受过分温柔产生的痛苦；

接受由对爱的了解为你带来的伤害；

甘心情愿地任你的血流淌；

黎明即起，带着一颗长了翅膀的心，满怀谢意地迎接爱的新一天的来临；

中午小憩，深深沉浸在爱的微醉之中；

黄昏回家，满怀感恩之情；

入睡之时，你的心为你心爱的人祈福，唇间哼吟着赞美的歌。

我的心灵深处有支歌，不喜以语词为衣；那支歌居于我的心坎，不愿随墨水注入笔端；那支歌像透明的封皮，包着我的情感，不肯像口水涌上舌尖。

我怕能媒细尘将之玷污，怎可将它吟唱？因它习惯于安居我心灵中，担忧它难耐人耳粗糙，我又能唱给谁听？

假如你看看我的眼睛，便会看到那支歌幻影的幻影；倘若你触摸我的手指，就能感到那支歌在抖动。

我的作品能显示那支歌，就像湖面能够倒影星斗之光；我的泪水能揭示那支歌，如同气温将露珠挥洒之时，露珠便将玫瑰花的秘密揭露。

寂静将那支歌张扬，喧嚣又将之掩盖；幻梦令其复出，苏醒又将之隐藏。

众人哪，那是一支爱之歌，哪位以撒②能唱？哪位大卫能歌？

它比茉莉花的气味芳香，哪个喉咙能将之抵抗？它比童贞女的秘密严实，哪根琴弦敢将之揭示？

谁能把大海的咆哮与夜莺的啼鸣结合在一起？谁能将暴风与孩子的叹息合二而一？哪个人会唱神的歌曲？

在黎明前的黑暗中，微风夹带着黎明之始的芳香而至，"先行者"——耳朵尚未听到的声音的回声——起来，离开卧室，登上自家的屋顶。他站立许久之后，抬起头来，望着静夜之中的城郭，仿佛那些熟睡的人们苏醒着的灵魂已聚集在他的周围，他向人们演说道：

"兄弟们，邻居们，每天打我们门前经过的人们，我想在你们熟睡时和在你们梦幻的谷地里对你们讲话。我想赤身裸体自由行走。你们醒着时，比你们睡觉时还要粗心大意；你们被嘈杂之声累赘的耳朵，像寂静无声的深夜。

"我对你们的爱甚厚甚深。

"我爱你们当中的一个人，他如同你们所有的人。

"我爱你们所有的人，如同你们就是一个人。

"在我心中的春天里，我在你们的花园里吟唱；

"在我心中的夏令里，我守卫着你们的打谷场。

"是的，我爱你们所有的人，不论君王还是平民，也不论患病者还是健康人。我爱你们当中夜里寻路之人，也爱那些白日起舞于山冈上的人。

　　"强者啊，我爱你，虽然你那铁蹄的痕迹依然印在我的肉体上。

　　"弱者啊，我爱你，尽管你怠慢了我的信仰，荒废了我的耐心。

　　"富人啊，我爱你，纵然你的蜜糖到了我的嘴里就变成了苦瓜汁。

　　"穷人啊，我爱你，虽则你已晓得我两手空空，一贫如洗。

　　"诗人啊，我爱你，虽然你一味模仿，借来邻居的吉他，用自己的断指弹奏，我仍爱你的慷慨与厚道。

　　"学者啊，我爱你，虽然你在瘦弱的陶工田地里采集腐烂的殓衣，耗尽了平生精力。

　　"牧师啊，我爱你，因为你坐在昨日的寂静中探问明天的运气。

　　"拜神者，我爱你，虽然你将自己愿望的幻影作为神灵膜拜顶礼。

　　"干渴的女子，我爱你，虽然你的杯子总是满的，因为我熟知你的秘密。

　　"打更女子，我爱你，我同情你。

　　"多嘴多舌者啊，我爱你；我心想，生活当中有许多等待你说出来的东西。

　　"寡言少语者啊，我爱你；我心想，假若我能听到表达你的静默含义的声音，那该多合我的心意！

"法官、评论家啊，我爱你；可是，当你们看见我被钉在十字架时，你俩却说：'从他血管流出来的血多么可爱！血在他那白皙的皮肤上留下的线条何其美丽！'

"是的，我爱你们所有的人，不论青年还是老翁。

"我爱你们那摇曳的芦苇和根深叶茂的橡树。

"然而多么遗憾！我心中充满着对你们的厚爱，却使你们的心背离了我。

"因为你们只贪吮小杯中的爱醇酒，而不身临奔腾的大河畅饮。

"你们只能听到爱神在你们耳边的低声细语，却听不到爱神对着你们的耳朵放声欢呼。

"你们见我对你们一视同仁，你们却讥讽道：'他的心多么容易驾驭，他的聪慧偏离他的轨道多远！他的爱是叫花子的爱，习惯于拣面包渣吃，哪怕是坐在君王摆设的宴席上；他的爱是卑贱弱者的爱，因为强者只爱强者。'

"你们见我对你们爱得深切，你们便说：'他的爱是瞎子的爱，分不出美与丑；他的爱是鉴赏力缺乏的爱，把喝醋等同饮酒；他的爱是好管闲事者的爱，有哪个陌生人能爱我们如同我们的兄弟、姐妹和父母?!'

"这就是你们所说过的话，此外还有许多。你们常在城市的街头巷尾、市场广场指着我嘲笑：

"'你们瞧这个老小孩儿，不管春夏秋冬，不论岁月年龄，整天和我们的孩子一道嬉戏，傍晚与我们的老翁对坐，冒充斯文，装有学问。'

"当时我则心想：没什么，我将更爱他们，越来越爱他们。不过，我要在我的爱之前挂起用厌恶制成的帐幔，用强烈的恨遮罩起我的柔情。我还要戴上铁面具，披上铁甲去追赶他们。

"之后，我把一只沉重的手放在你们的伤口上，同时就像黑夜里的狂风一样，呼啸吼叫在你们的耳边。

"我站在房顶上，向你们揭露了口是心非、奸猾狡诈的法利赛人③和大地上虚假空洞的泡沫。

"我诅咒那些鼠目寸光之徒是瞎眼蝙蝠。

"我把你们当中那些俯在地上的小人比做没有灵魂的鼹鼠。

"至于你们当中那些口齿伶俐、能言善辩者，我则将他们称为舌头生叉者；将沉默无声之人称为石心石舌者；而天真单纯之人则说：'死者都不会厌恶死神。'

"我把你们及你们儿女当中那些追求人类知识的人判做亵渎神圣精神者；

"我把宠爱精神及大自然之外之物者判做扑捉幻影的猎手；他们把网撒入死水之中，只能捞起他们那愚蠢的倒影。

"我用双唇中伤你们，而我的心在滴血，正以最温柔、最甜美的名字呼唤你们。

"朋友们，邻居们，爱在自己的鞭策下向你们发表演说；

"高傲蒙着失败的尘埃，忍受着痛苦的煎熬，在你们面前舞蹈；

"我对你们爱的渴望，在房顶上大发雷霆，狂喊咆哮；

"然而我的爱无声地跪着，祈求你们饶恕。

"众人们，我给你们带来了奇迹：

"我的掩饰，擦亮了你们的眼睛；我的憎恶，开启了你们的心窍。

"现在,你们爱我了!

"你们只爱刺向你们心房的宝剑,你们只喜欢射穿你们胸膛的利箭;

"因为你们只为自己的伤口感到欣慰,只有把自己的血当酒喝才会烂醉。

"就像飞蛾扑灯寻死,你们天天聚集在我的花园里。你们仰着脸,睁大双眼,望着我撕扯你们白日的织物,相互窃窃私语:'他借上帝的光明观察,他像先知那样说话,他揭去了我们灵魂的面纱。他打碎了我们心上的锁,就像兀鹰熟知狐狸的行踪那样,对我们所走的道路了如指掌。'

"正是。我确乎熟知你们所走之路,就像兀鹰知其雏鹰所行道路。我敞开心扉,向你们展示我的秘密。但是,我为接近你们之需要,我要佯装疏远你们;我担心你们的爱近乎完结,我则牢牢守护着我爱的堤坝。"

先行者讲完这番话,双手捂住脸,失声痛哭起来。因为他心里明白:被人瞧不起的赤裸裸的爱,比伪装着求胜的爱要伟大。此时,他自感羞愧。

片刻后,他猛然抬起头来,宛如从沉睡中醒来,伸展双臂,说:

"啊,夜已经过去。当黎明爬上山冈之时,我们这些黑夜之子就该死去了。从我们的灰烬之中,将生出比我们的爱更加强烈的爱,它将在阳光下欢笑,它将是永恒的爱。"

① 雏菊。

② 《圣经》中人物,名字意为"欢乐"。

③ 法利赛人,希腊文 PHARISAIOS 的意译,意为"隔离者"。公元前 2 世纪至后 2 世纪犹太教内的一个派别,主要由文士和律法师组成,为哈西德派精神上的后继人。其神学思想对后世犹太教有影响。《福音书》记载耶稣称之为伪君子。

论爱情

爱是情侣间的面纱。

爱情与猜疑绝不互相交谈。

爱情是青春，
桎梏已被打碎；
爱情是丈夫气概，
已从大地痛苦中挣脱出来；
爱情是被神圣火焰炽燃的温柔女性，
因此灿烂天光四射光芒；
爱情是灵魂深处的深邃笑意，
爱情是全能征战，
将你带向苏醒。
爱情是大地上的新的黎明；
爱情是你我都未见过的一天。

那第一眼,是分开人生醉与醒的一瞬。那第一眼,是照亮心灵各个角落的第一柄火炬。那第一眼,是人心之琴第一根弦奏出的第一声神奇乐音。那第一眼是暂短瞬间,却可以使心灵重听往日的故事,向心灵之眼揭示夜的作为,向心灵的洞察力显露这个世界本质的功绩;并且吐露未来世界的永恒秘密。那第一眼,是阿施塔特①从空中抛下来的一粒果核,眼睛将之投入心田,情感促其发芽成长,心灵令其开花结果。来自情侣的第一眼,就像飘荡在海面上的圣灵,天和地由之而诞生。来自终身伴侣的第一眼,酷似上帝之言:"就这样!"

上帝将爱情的多福河水斟满杯子,举杯饮下的第一口,便是那第一吻。怀疑会令相信中充满痛苦,而相信则会使欢乐弥漫心间;怀疑与相信的界限,便是那第一吻。第一吻,是精神生活长诗的开端,又是理想人生小说的第一章。那第一吻,是连接平淡过去与辉煌未来的纽带,将情感的静默与歌声集于一体。那第一吻,是四片嘴唇同时说出的一句话,宣布心变成了宝座,爱情是国王,忠诚是王冠。那第一吻,是柔雅的一触,就像微风的指头轻抹玫瑰花唇,带着美味的长叹和甜滋滋的轻轻呻吟。那第一吻,是销魂的颤抖之始,正是它将情侣双双脱离度量衡世界,走进梦悟天园。那第一吻,将秋牡丹与石榴花结合为一体,混合起两种花的气味,从而生出第三种气息……如果说第一眼是爱情女神抛入人的心田的第一颗果核,那么,第一吻就像生命之树第一枝头开出的第一朵花。

那时,我朝着沉睡的大自然望去,久久观察,发现那里有一种无边无际的东西;那种东西,用金钱买不到;那种东西,秋天的眼泪抹不去,冬季的痛苦折磨不死;那种东西,在瑞士的湖泊、意大利的旅游胜地找不到;那种东西,忍耐到春天便复生、到夏季便结果。我在那里所发现的就是爱情。

有限的爱情要求占有被爱者,而无限的爱情只求爱的自身。青春苏醒与昏暗之间的爱情,仅仅满足于相会、联系,通过接吻、拥抱而成长。诞生在无限怀抱和随夜晚秘密而降落的爱情,只有求得永恒和无限才能满足,只在神性面前肃然站立……

认为爱情必诞生于长期相处、久相厮伴的人们是多么无知啊!真正的爱情是灵魂互解的结晶;假若这种互解不能在片刻之内实现,那么,即使一年、一代也是实现不了的。

人云胡狼与雄狮同饮一溪之水。

人云兀鹰与秃鹫共啄一具腐尸,彼此却相安无事。

啊,公正的爱情啊,

你用你那万能之手抑制了我的欲望,

将我的饥与渴化成了傲骨与自尊。

你不许我那刚强的自我吞食面包或饮酒,因为面包和醇酒都在迷惑着我那软弱的自身。

最好让我在饥饿中度日,令我的心干渴得如同火焚;

趁我还未伸手去取你未斟满或未祝福过的杯盏,让我灭身丧魂。

爱情究竟是什么?

一种无形的东西,隐藏在岁月背后、视野之外,安居在人们的心上,那究竟是什么? 请你们告诉我。

一种绝对的观念,产生自一切因与果。那到底是什么? 请你们告诉我。

一股无名的力量,将生与死化成比生更奇异、比死更深沉的梦,那到底是什么?请你们告诉我。

众人们,请你们告诉我,你们当中可有这样一种人:当爱神之手触摸他的灵魂时,他无动于衷,依旧沉睡?

你们之中可有这样的人:当心爱的少女呼唤他时,他能不离开父母与乡亲?

你们之间可有这种人:他不肯飘洋过海,横跨荒漠,翻山越岭,穿过峡谷,去会他的心上人?

假若心上人在极地,她的灵魂纯美,性情温柔,声音甜润,哪位小伙子不心驰神往?

当上帝接受人的祈祷,而且有求必应时,谁不甘愿自焚化为香烟,奉献在祭坛之前?

昨天,我站在庙门前,向过往行人探问爱情的秘密。

一位身材瘦小的中年人,从我面前走过,他无精打采,叹息道:"爱情是一种天赐,本是从原始人那里继承来的。"

一位体魄健壮、肌肉丰满的青年人,从我面前走过,他低声吟唱道:"爱情是一种愿望。它与我们形影不离,将人们的过去、将来与我们的现在连结起来。"

一位神情凄怆的妇女,走过我的面前。她叹了口气,说:"爱情是一种致命毒素,地狱里的黑蛇吞食了它,将它喷洒在天空,而后附在露珠上而降下;干渴的灵魂喝了这种有毒露水,醉一时,醒一年,然后永远死去。"

一位面若桃花的少女,打我面前走过。她笑眯眯地说:"爱情是多福河之水,晨光新娘将之注入强健的灵魂里,让灵魂升腾,凝聚在夜空繁星面前,沐浴在白昼阳光之中。"

一位身穿黑衣衫的长须男子,从我面前走过。他满面愁容地说:"爱情是一种愚昧,随青春到来而来,伴青春逝去而消。"

一位面孔英俊、容光焕发的男子,从我面前走过。他兴高采烈地说:"爱情是一门高深学问,擦亮了我们的眼睛;神灵看到的,我们也看到了。"

一位盲人走过我的面前。他用手杖探路,边走边痛哭流涕地说:"爱情是一团浓雾,将心灵层层围住,遮掩了大自然的如画美景,使人只能看到自己的影子在岩石间晃动,听到的只是深谷传来的自己呐喊的回声。"

一位抱着六弦琴的小伙子,打我面前走过。他边走边哼着小调:"爱情是一束神奇的光,照亮了人的感官,使人看到世界是行进在绿色草原上的一支队伍,使人悟出人生是白日里的梦幻。"

一位驼背老人,拖着沉重的脚步,从我面前走过。他的双腿似乎有了毛病,他颤颤巍巍地说:"爱情是坟墓里的僵死尸体,永恒世界中的静止灵魂。"

一个五岁孩子从我面前走过。他蹦蹦跳跳,拍着手,笑着叫道:"爱情就是我爸,爱情就是我妈。天下懂得爱情的,只有我爸和我妈。"

白日里,人们走过庙门前,个个都按自己的理解谈论爱情,人人都想揭开生命的秘密,无不畅谈自己的心愿。

夜来临,不见行人来往,但听庙里传出这样的话音:"生命是两个一半:一半僵死不动,一半炽热燃烧;爱情就是那盛燃的一半。"

我迈步走进庙门,双膝下跪,顶礼膜拜,虔诚祈祷,大声呼喊:

"上帝啊，请把我化为火神之食，请将我变为圣火之餐。阿门。"

亲爱的，往昔我在这个世界上是孤独的；这种孤独像死神一样残酷。我孤孤单单，像生长在高大岩石阴影里的花儿，生活感觉不到我的存在，我也感觉不到生活的存在。在今天，我的心灵已经醒来，看到你就站在我的心灵旁边，我先是惊惧不安，继之笑逐颜开，然后就像那位牧羊人看见丛林燃烧时那样，急忙跪拜在你的面前。

亲爱的，往昔的风是那样干涩，阳光是那样微弱，雾霭遮盖着地面，海浪的喧嚣声酷似惊雷。我环顾四周，只见我的痛苦自己站在我的身旁，黑暗的幻影就像饥饿的乌鸦一样在我的周围盘飞。今天，风和日丽，风平浪静，云消雾散，我无论怎样看，你总是在我面前。我看到生活的秘密围绕着你，就像小鸟在平静湖面上借平静的湖水沐浴时激起的圈圈涟漪。

往昔，你是静夜里无声的话语；如今，你变成了白昼口中的欢歌。所有这一切仅在一分钟里完成；那一分钟里包含着一眼、一语、一叹和一吻。亲爱的，那一分钟将我心灵过去的准备和未来的希望集连在一起。那一分钟就像洁白的玫瑰花，生自大地的黑暗之心，位同世世代代心目中的耶稣降生。因为那一分钟充满活力、纯洁和爱情；因为那一分钟使我内心深处的黑暗化作光明，令悲哀化作欢乐，教痛苦化作幸福。

亲爱的,爱情的火炬自九天而降,波浪起伏,千姿百态。但是,爱情在这个世界上的作用和影响却只有一个:照亮单个人心的小火炬,就像来自高天照亮各民族黑暗的大火炬。因为单个人心灵中的各种成分、爱好和情感,与人类大家庭心灵中的各种成分、爱好和情感完全　样。

---

① 阿施塔特,为古代闪族腓尼基(在今叙利亚、黎巴嫩、巴勒斯坦一带)所信奉的迦南宗教的重要女神之一,据说是掌管繁殖、爱情的女神。

论幸福

　　我的心在我的胸中呆得疲倦了，便告别我去了幸福之家。他到了心灵崇拜的那座殿堂，站了下来，不禁感到茫然。因为他没有看到他久所想象的一切。他既没有看到力量，也没有看到金钱，更没有看到权势。他只看到一个青年——壮美，及他的女伴侣——爱娘，还有他俩的女儿——智慧。

　　我的心对爱娘说："爱娘，满足在哪里？我听说它和你们在一起住在这个地方。"爱娘说："满足走了，躲到城里那个贪欲集聚的地方去了。我们不需要它。幸福不求满足，幸福是追求拥抱的一种向往。满足是一种安慰，与之相伴的是遗忘。永恒的心灵永不满足，因为他追求完美，而完美是没有止境的。"

　　我的心对壮美说："壮美呀，让我看看女人的秘密吧！因为你满腹经纶，求你启迪开导。"壮美说："人心哪，女人就是你呀；你怎样，她就怎样。女人就是我；我到哪里，她就到哪里。女人就像未经愚昧之辈扭曲的宗教；女人就像乌云未遮的圆月；女人就像没有被腐败气息纠缠的微风。"

　　我的心走近壮美与爱娘的女儿智慧，说道："把智慧给我，让我把她带到人间去吧！"爱娘回答道："你要说，她就是幸福：始于心灵最神圣的圣地,而非来自外部。"

哲学家和学者们判定,幸福降临到心灵,而不是生长于心灵。因此,斯图尔特①说:"完美的幸福在无尽头的义务工作之中。"边沁②说:"我们应该想象幸福就在我们眼前,给我们的精神以希望,使其活跃振奋,从而抛开我们心灵中那挫折我们锐气的忧伤与烦恼。"康德③说:"一项舒心的工作足以使你享受生活的欢乐。通往幸福的道路只有一条,那就是不要把幸福当做生活的目的,而应该谋求幸福以外的东西。"

---

① 斯图尔特(1753—1828),哲学家和苏格兰"常识"哲学学派的主要阐述者。其主要著作是:《人类思想哲学原理》、《道德哲学纲要》等。
② 边沁(1748—1832),英国功利主义哲学家、经济学家、法学家。对十九世纪思想改革有显著影响。1789 年在英国发表其杰作《道德和立法原则概述》,因而闻名于世。
③ 康德(1724—1804),德国哲学家,德国古典哲学的创始人。

论生活

生活并非舒适欢娱，
生活是理想与向往。

"这里水仙花、百合花芳香四溢，素馨花与接骨木的香气相互拥抱在一起，继之与杉树的香气汇合，与微风的波浪掠过零散废墟和弯曲长廊之上，令人心充满遐想，真想乘风飞翔。"

"在这里，胡同里的恶臭气味熏天，病菌四下扩散，就像无数根隐形细箭，令人直觉担心将空气毒化污染。"

"看哪，亲爱的，清晨已经来临，苏醒的手指戏动着睡者的眼帘。紫色的晨光从夜身后升起，揭去了夜幕，露出了生命的意志和光辉。静静依偎在山谷两侧的乡村苏醒了，教堂的钟声响了，使天宇充满了令人心满意足的呼声，宣告晨祷开始。山洞传来了钟声的回音，仿佛整个大自然都在进行祷告。牛离开圈，山羊、绵羊群出了栏,向着田野走去,吃着挂着闪光露珠的青草。牧童吹着短笛走在羊群前,羊群后跟着一群少女,和鸟雀们一道欢迎清晨的降临。"

"亲爱的,清晨已经到来,白日的沉重手掌已在堆积起的房舍上伸开。窗帘已经取去,门扇也已开启,露出来的是一张张愁苦的脸和无精打采的眼。不幸的人们走向工厂,而在他们的体躯里,死神就栖息在生命旁边。他们的愁容上满是失望和恐惧的阴影,仿佛他们是被强拉向殊死决斗的战场。看哪,大街上挤满贪得无厌之辈,天空中充满铁器响声、车轮轰隆和汽笛长鸣。整个城市变成了战场,弱肉强食,富贵不仁,强占可怜穷人的劳动成果。"

"亲爱的,这里的生活多么美好! 它就像诗人之心,充满了光明和温柔。"

"亲爱的,此间的生活多么残酷! 它就像罪犯的心,充满了邪恶与恐怖。"

没有爱的生活,就像无花无果之树;没有美的爱情,就像无香味之花和没种子之果……生活、爱和美——绝对独立的三位一体,不能改变,不可分离。

没有叛逆的生活,就像没有春天的四季;没有真理的叛逆,就像光秃干旱沙漠里的春天……生活、叛逆和真理——三位一体,不能改变,不可分离。

没有自由的生活，就像没有灵魂的肉体；没有思想的自由，就像被扰乱的灵魂……生活、自由和灵魂——三位一体，永恒存在，永不消失。

爱情及其结晶，叛逆及其后果，自由及其产物——乃主创造的三种表象；主是有智世界的良知。

这就是生活：黑暗在岁月里的游戏场上将之演得类似悲剧，而白昼则将之当歌唱，最后永恒世界将之作为珍宝保存起来……

生活是一支永远前进的队伍，哲学家能够用创生的思想和新的学说使之停留一分钟，但却不能阻止它继续向着我们不知道的地方行进。

生活是一位窈窕淑女，令我们身心向往，使我们神魂颠倒，给予我们许多许诺。她若慢慢腾腾，会夭折我们的耐心；她若忠于诺言，会唤醒我们的厌恶感。

　　生活是一位女子，用情人的泪水洗浴，身上滴着被杀者的鲜血。生活是一位女子，身穿以白天为面、用黑夜衬里的衣衫。生活是一位女子，乐意将人心作为好友，拒绝选其作为丈夫。生活是一位女骗子，但她很美；谁能看出她的谬误，谁便会厌恶她的姿色。

　　生活，在我们沉默时低声吟唱，在我们睡梦中展示幻想。我们遭受挫折、情绪低落之时，生活却得意洋洋，高居宝座之上；我们泣哭落泪之时，生活却笑对艳阳。当我们拖着沉重的奴隶镣铐时，生活却自由徜徉。

　　我们常用最坏的词语称呼生活，原因在于我们自己处身于黑暗痛苦之中；我们常认为生活空空洞洞，无益可言，原因在于我们的灵魂徘徊荒野，我们的心醉于贪婪酒盅。

　　生活深奥，高贵而遥远莫测；虽然如此，她却近在咫尺。你们的眼界再宽，也只能看到她的脚；你们的身影再长，也只能遮住她的脸；你们的气息再足，也只能传到她的心间；你们的低语回声，到了她的胸中，就会化为春天和秋天。

　　生活与你们的"自大自我"一模一样，是被遮盖、被隐匿着的。虽然如此，然而生活一旦开口说话，八面的风都会变成词语；当她再次启齿时，我们唇间的微笑、眼中的泪珠均会化为言辞。生活歌吟之时，可令聋者闻声，带他们高翔云天；生活走来之时，能让瞽者看见，无不大惊、茫然地跟着生活走向前。

生活背负着我们从一个地方走到另一个地方，命运领着我们从一种环境转移向另一种环境，而我们行进的路上无处不是障碍，我们听到的声音无不使我们胆战心惊。

我们看到美神端坐在荣誉宝椅上，于是接近他，以思念之名弄脏了他的衣边，摘下他那圣洁的王冠。爱神走过我们的身边，穿着告别的衣衫，我们害怕他，于是躲藏在黑暗洞穴，或者跟在他的身后，以他的名字干尽坏事；我们当中的明智者，将爱神当做枷栲背在身上，虽然他比花香轻柔，较黎巴嫩的微风和煦。智慧之神站在街口当众呼唤我们，而我们却认为他是虚妄，就连他的追随者也看不在眼里。自由女神邀请我们赴宴，与她同饮共餐，我们去了，大吃大喝，于是宴会变成了胡作非为的舞台和自我轻蔑的场所。大自然向我们伸出了友好之手，要我们享受它的美，而我们却害怕它的寂静，于是躲到城市，只见城中的人越来越多，就像看见饿狼的羊群，相互拥挤在一起。现实带着稚童的微笑或亲吻造访我们，而我们却紧锁情感的大门，像罪犯一样躲避。人心向我们求救，灵魂呼唤我们，而我们比无机矿物还聋，全然不去理会；有谁听到自己心的呼喊和灵魂的召唤，我们会说："这是个疯子，赶快躲开他！"

黑夜如此闪过，而我们不知不觉；白昼与我们握手，而我们既怕黑夜，又怕白昼。神本来属于我们，而我们却接近土。饥饿在吞噬着我们的力量，而我们从不去尝试生活的面饼。

生活是多么可爱，我们距生活又是那么遥远！

论生命

生命是一位窈窕淑女,令我们神魂为之倾倒。她给我们许下许多心愿:假若不能兑现,我们的耐心,便会云消雾散;倘使忠于诺言,我们便永不知厌倦。

生命是美女,用情人的泪水沐浴,以仇敌的鲜血当香水洒身。

生命是美女,身着白昼为表、黑夜衬里的衣衫。

生命是美女,乐意以人心为友,但不愿与之结为终身侣伴。

生命是娼妓,诚然标致;但是,谁与她共枕,必定厌恶她那妖艳容颜。

难道这就是生命? 它是已经消隐、踪迹皆无的过去;它是紧追过去的现在;它是毫无意义的未来,只是已经闪过,变成了现在或者过去? 难道我们心中的一切欢乐和我们灵魂中的一切痛苦都已消退,而我们全然不知其结果?

难道人就是这样,像大海的泡沫,时而浮在水面,时而被微风一吹便消失,仿佛不曾有过似的?

不,凭我的宗教起誓,生命的本质就是生命。生命的起始不在子宫,它的终点也不在坟墓。这些岁月只不过是无始无终永恒生命的一瞬间。今世年龄及其一切,只不过是被我们称为可怕死亡的苏醒旁边的一个梦。那的确是一个梦,但我们在梦中的所见所为将与主同在。

苍穹可容下发自我们心中的每一丝微笑和每一声叹息,并且保存源于爱的每一吻的回音。天使数着痛苦从我们眼角里滴出的每一颗泪珠,又把我们情感中的欣喜创作的每一首歌送到遨游在无边无际天空中的灵魂耳里。

在未来的世界中,我们将看到情感的所有起伏和我们心灵的所有震动;在那里,我们将领悟我们神格的本质;而现在,我们为失望因素所推动还在蔑视那种神格。

被我们今天称为弱点的迷误,明天将显示为人生完整锁链中必不可缺的一个环节。

我们现在不报偿的辛劳,将和我们一起生存下去,并将宣扬我们的光荣。

我们承受的灾难,将成为我们来日的桂冠。

生命多么慷慨,生命的赠礼多么华美!
大地何其大方,大地的手掌何其宽广!

可是,我是多么无力取拿、接纳!

面对生命的涌泉,我的水罐显得多么微小!

面对大地的宝库,我的提包显得何其狭窄!

但愿我有一千只手,伸将过去,抓取满把,然后腾空,再次抓满把,替代那只隐藏在衣褶里的巍巍颤抖的手!

但愿我有一千只手,在生命和大地面前伸展开来,替代这只抓着一把岸沙的害羞的手!

但愿我有一千只杯子,日夜为我将之酌满甘露,让我痛饮,甘渴不解;我求日夜一再酌满,痛饮不止,依旧干渴不解!

但愿我有一千只杯子,取代那只充满个人主义的饮料;正是那杯东西,我仅仅呷了一口,就醉眠了整整一个月!

但愿我的饥饿盖过一千名饥饿者,出席春夏秋冬四季设下的一千次宴会,贪婪地吞食种种美味,然而我仍然饥饿难忍!

但愿我有一千副饥饿的五脏六腑,取代我这副刚刚出生就填饱了的脏腑!

但愿我有一千只耳朵,倾听这醒着的夜莺和鸱鸟为我唱的歌;但愿我用被监牢的寂静奴役千年的喧哗回报甜美的乐声!

但愿我有一千只耳朵,替代这只永远聆听海浪和风波轮流吟唱的挽歌的耳朵!

但愿我有一千只眼睛,观看存在展示给我的奇妙景物;但愿我总是向往眼见不到的存在的秘密!

但愿我有一千只眼睛,取代仅能看见闪烁在远处地平线上被狂风压倒的微弱亮光的一只眼睛!

但愿我有一千个躯体,穿上一千个清晨和一千个夜晚赠予我的一千袭锦袍;但愿我在那之后羞于赤身裸体站在夜色和清晨的面前求乞！

　　但愿我有一千个躯体，取代因恐惧而穿起用雾霭织成的外衣的那个躯体！

　　生命多么慷慨，大地何其大方！
　　可是，我是多么无力取拿、接纳！
　　面对着每日每时的馈赠，我是如此视而不见！
　　我是多么迷恋这个有限的小小自我！
　　它只是一个分子，却把自己看成无边无底的大世界！
　　这是颗果核，只顾自己的硬壳，忽视了目中的完美！
　　这是颗柔嫩的幼苗，春天将之从沉睡中唤醒，夏天将之举起，放在自己的双肩上；但它却认为苏醒是自己的一种特质，高高在上是它的一种品性！
　　生命的面具是比生命更深刻的奥秘的面具。

　　生命是一种意志，伴陪着青春年少；生命是一种勤奋，紧紧与壮年相随；生命是一种智慧，总是跟随着老年。

　　我对生命说："我真想听到死神说话。"

生命稍微提高声音,说道:"你现在就听到她说话了。"

当你弄明白生命的所有奥秘时,你就渴望死亡了,因为死亡也是生命的另一种奥秘。

一千年前,我的邻居对我说:"我憎恨我的生命,因为它只不过是一种令人痛苦的东西。"

昨天我路过墓地,看见生命正在他的坟墓上跳舞。

人一旦了解自己的灵魂深处,生命之书便已合盖;

人达完美境地之日,便是葬身入土之时;

人像果实,一旦成熟,便要脱枝。

仅在昨天,我还自以为是碎片,不住颤抖,杂乱无章,运行在生命的苍穹间。

现在我已知道,我就是苍穹,生命是在我心中运动着的、排列有序的碎片。

生命是一支队伍。脚步慢的人认为队伍行进太快,于是落伍了。脚步快的人认为队伍行进太慢,于是他离开了队伍。

我已爱过很多。我常爱人们所憎,而憎恶人们认为好的东西。我少年时代所爱的,至今仍然爱。我现在爱的东西,将一直爱到我生命的终结之时。爱是我能够得到的一切,谁也不能让我舍弃它。

我曾多次爱过死神,并用许多甜美的名字呼唤它,而且暗暗和公开地歌颂它。即使我未忘记死神,也不曾背弃与它的约言,我却变得也爱生。在我看来,死与生同样具有美,有着同样滋味,都会引发我的思念与眷恋,均能激起我的爱和怜。

我爱过自由。对人们受压迫和奴役的境况了解得越深,我就越是热爱自由;对人们屈从可怕偶像的情景知道得越多,我对自由的爱就越强烈。那些偶像都是黑暗世代雕成的,由持续不断的愚昧树立起来的,奴隶们的嘴唇将之磨得溜光。不过,我像热爱自由那样爱这些奴隶。我同情这些奴隶，因为他们是盲人：他们明明在与饿狼的血盆大口接吻，而他们却看不见；他们明明在吮吸毒蛇的毒液，而他们却感觉不到；他们明明在用自己的指甲挖自己的坟墓，而他们却全然不知。我爱自由胜过爱一切。因为我发现自由是位姑娘，孤独已使她精疲力竭，幽居已使她憔悴不堪，简直变成了一个透明的幻影，穿行在住宅之间，站在街口，大声向过路人求救，但谁也不听她的喊声，更没有人回头看她一眼。

在过去的二十五年中，我像爱所有人一样爱过幸福。我每天醒来，像人们一样寻求幸福，但在他们的路上从未找到幸福；非但如此，既没有看到幸福在他们公馆周围的沙土上留下脚印，也没有听见从他们寺院窗里传出的幸福声音的回声。当我独自寻觅幸福之时，我听到我的心灵对我悄悄耳语："幸福是位少女，生活在心的深处；那心宽广无比，你难以走到那里。"我打开心想看一看幸福，发现那里只有她的镜子、床铺和衣服，却未见到少女幸福。

我爱过人们，我很爱他们。在我看来，人分几类：其一诅咒人生，其二为人生祝福，其三深刻思考人生。我爱其一，怜其不幸；我爱其二，谅其宽容；我爱其三，慕其博学。

就这样，二十五年过去了，我的日日夜夜从我的生命中相继匆匆跌落去了，就像树叶面临着秋风，纷纷飘落在地。

今天，我停下脚步，就像走过一半路程的疲惫行人，暂时停下脚步歇息。我朝四下望去，却不见在我走过的人生路上有什么痕迹，足以让我在太阳面前指着它说："这是我的。"我也没有发现我的人生四季有什么收获，只有一些被黑墨水滴染过的稿纸,还有一些充满和谐线条和色彩的零散的奇异绘画。那零散的绘画包裹和掩埋着我的情感、思想和幻梦,宛如农夫将种子播撒在地里。但是,下地将种子播入土里的农夫,满怀希望戴月而归,期待着收获季节的来临;而我呢,只是撒下了心灵的种子,没有希望,没有寄托,更没有什么可等待的。

现在,我已经到了年龄的这个阶段:透过叹息与悲伤的雾霭,过去的一切展现在我的眼前;透过往昔的薄纱,我的目光看到了未来。我站在玻璃窗前,眺望万物,看到人们的脸面,听到人们的声音,都在扶摇直上云天;我觉察到了他们在住宅之间走动的脚步声,感触到了他们的灵魂、他们的嗜好和他们心脏的搏动。我极目望去,儿童们玩耍、奔跑,相互往脸上扬撒沙土,笑声不断,喜气洋洋;我看见青年们昂首阔步走向前,仿佛在诵读写在衬着阳光的云端上的青春长诗;我看见姑娘们步履轻盈,一步三摇似杨柳枝条,微微笑容似鲜花开放,望着小伙子们,眼帘里跳动着爱慕的目光;我看到老年人缓步走着,个个背驼似弓,人人拄着拐杖,两眼盯着地,好像在寻觅丢在细土里的珍宝。我凭窗而立,仔细观看这所有画面以及城市街头巷尾那或动或静的幻影。旋即,我把目光转向城外,看到了原野上的一切:惊人的美,有声的寂静,高高的山冈,低低的谷地,茂盛的绿树,摇曳的青草,喷香的鲜花,吟唱的河溪,鸣啭的百鸟。我再往原野后面看,望见了无数大海:大海深处有无穷无尽的奇珍异宝,隐藏着无数秘密;海面上波涛翻滚,时急时缓,时而化为蒸气升腾,时而凝成雨滴落下。

之后,我向大海后面望去,但见无边太空,那里有无数遨游着的世界,那里有无数颗闪亮的星斗,还有无数个太阳、月亮、行星和恒星,它们相互吸引,既相互争斗,又相安无事;无论是生于大自然,还是转化而成,却均按照一条无端无尾的法则相互交织在一起,都服从于一条无始无终的规律。我透过窗玻璃看到了这一切,既忘掉了二十五年,也忘掉了这之前的时光以及未来的若干世纪。在我看来,我的自身及周围的一切,不论可见或不可见的,都不过像在永恒空间里一个周身颤抖的孩子叹息时喷出的一颗微粒,而空间又是那样高深没有边际。不过,我感觉到了这微粒的存在,就是这个灵魂,其本身被我称为"自己"。我能感觉出他的动态,我能听到他的呼声。

　　他现在拍翅飞上高空,把自己的双手伸向四面八方,不住地摇摆颤抖,在这样的一天里显示自己的存在,用发自最圣洁心灵里的声音高喊道:"你好哇,生命! 你好哇,苏醒! 你好哇,幻梦! 你好,用自己的光盖过大地黑暗的白昼! 你好,用自己的黑暗显示天光的黑夜! 你好,一年四季! 你好,使大地重现青春的春天! 你好,传播太阳光荣的盛夏! 你好,以硕果、五谷报答辛苦劳动的金秋! 你好,用暴动重现大自然决心的严冬! 你好,把时光遮掩的一切重新展示的岁月! 你好,把岁月破坏的一切重新修复的世代! 你好,带着我们走向完美的时光! 你好,掌握生命命脉、用太阳面纱遮脸的灵魂! 心啊,你好,因为你沉浸在泪水里,所以不能讥笑这问候。嘴唇啊,你好! 因为你发出问候之时,正在尝着苦涩的滋味。"

论死亡

死亡并非悲歌哀乐，

死亡是病疾与绝望。

死亡离老人并不比离婴儿更近；生命亦如此。

生与死是勇敢的两种最崇高的表现。

死亡是生的昭示者。

只有希望得到一切的,才肯舍掉一切。

当你知道了生命的秘密时,你会想死,因为死亡是生命最深之秘密。

死亡是大地之子的终局,
在天上恰是开端与婚礼。
黎明即起者健康长寿,
终日沉睡者早失足迹。
生时与泥巴形影不分,
死时必抱抔黄土咽气。
死亡如同浩瀚沧海,
人敢蹈之,浪平涛息。

玫瑰花瓣悄声落地,星辰消失在天际,海浪被光秃高大岩石撞碎,晚霞之光熄灭在乌云里,那便是死亡:虽是死亡,却令我们

感到赏心悦目,神魂陶醉,微风荡漾;虽是死亡,那却是大自然的
馈赠,万福之母。

黑夜里,我们相互呼唤。

黑夜里,死神的影子矗立在我们中间。我们呼救,我们呐
喊。死神的翅膀将我们遮掩,死神的巨手把我们的灵魂推向深
渊,死神极目凝视着遥远的曙光,犹如火炬一般。

死神在黑夜里行走。我们恐惧,我们哭泣,跟在死神的背
后,谁也不能停下脚步,谁也不敢不跟着死神朝前走。

死神在黑夜里行走,我们跟在后头。每当死神回头一望,我
们当中便有人倒在路旁。倒下的人长眠不醒;未倒下者,屈从死
神的意志,继续走向前方,而且知道自己也要倒下去,极目凝视
着遥远的曙光。

你想晓知死亡的秘密吗?

如果不在生命中探寻死亡,你又怎能找到它呢?

黑夜里能够看见,而在白天盲目的猫头鹰,它是不能揭示光
明秘密的。

你如果真想揭开死亡的秘密,那就要对生命的肉体敞开你

的心扉。

因为生与死是一体的，正像江河与大海是一体一样。

在你的希冀与愿望的深处，隐伏着你对幽冥的无声理解。

你的心梦想着春天，就像藏在雪下的种子所做的梦。

相信梦吧，梦中隐藏着永生之门。

你对死亡的恐惧，只不过是牧人的颤抖；因为他站在国王面前，国王拍着他的肩膀示宠。

牧人因肩上留有国王宠爱的印记而颤抖，心中岂不充满欣悦之情？

但，你没发现他更加重视那种颤抖吗？

死亡不就是赤身裸体站在风口上，消融在烈日之下吗？

断气不就是呼吸从无休止的潮汐中解脱出来继之升腾，不受任何限制地追寻上帝去吗？

只有你们饱饮静默河水时，你才能真正引吭高歌。

只有你们到达山顶之时，你们才能开始登高，

只有大地包容你们的肢体之时，你们才能真正手舞足蹈。

夜阑更深，死神从上帝那里降向熟睡的城市，落在一座宣礼

塔顶。它用它那明亮的双眼穿透住宅墙壁,看到了乘坐在幻梦翅膀上的灵魂和受困于意志制约的躯体。

月亮沉没在熹微晨光之后,城市披上一层梦幻似的薄纱,死神迈着轻轻的脚步穿行在住宅之间,终于来到一个富豪的公馆。死神抬脚进门,没有遇到任何障碍。它站在富豪的床边,伸手触摸富豪的前额,富豪惊醒过来。他一看见死神的影子站在面前,惶恐万状,失声喊道:"可怕的梦魇,离我远点!凶恶的幻影,你快走开,你这个盗贼,你是怎么进来的?你这个强盗,你来干什么?我是这家主人,你给我走开!快滚开!不然,我就要喊来奴仆和守卫,将你碎尸万段!"

死神走近富豪,用惊雷似的声音说道:"我就是死神!你要注意,放尊重一些!"富豪回答道:"你现在要我怎么样?你有什么要求?我还没有结束自己的工作,你为什么就来了?你对像我这样的富豪大亨有何要求?你还是到久病的人那里去吧!你快离开我,不要让我看见你那伤人的利爪和你那毒蛇似的长发。你走吧!我讨厌看你那两个巨大的翅膀和破烂的体躯。"一阵令人烦恼的沉寂之后,富豪又说:"不,不!仁慈的死神啊,我刚才说的那些话,请你不要在意!我因害怕,一时心惶,才那样说的。你拿一斗黄金走,或者带走几个家仆的灵魂,放我一马吧……死神啊,我还想活下去,因为我还有没结清的账,人们欠我的钱还没有还清。海上还有我的船尚未靠岸。地里的庄稼也还没有长成。我这里的东西随你拿,只要放过我就行。我有婢女若干,个个像晨光那样美丽,任你挑,任你选。死神呀,你听我说,我有一个独生子,我喜欢他,我的希望全寄托在他的身上,你把他带走吧!只要能把我留下,你愿意拿什么就拿什么,你可以把一切都拿走,只求你放开我!"

富翁话音未落,死神伸手堵住那个凡奴的嘴,摄取了他的灵魂,并将之交给风神带走了。

旋即,死神又走进柔弱的穷苦人居住的区域,来到一座简陋的茅舍。进了门,靠近一张床,那张床上躺着一个青春少年。死神观察少年的文静面孔一番,然后伸手触摸少年的眼睛,少年醒了过来。少年见死神站在自己的身边,急忙双膝下跪,伸出胳膊,用充满钟爱和思念的声音说:"死神啊,美丽的死神,我就在这里。你是我梦中的真实,你是我的希望所在,请接受我的灵魂吧!我心爱的死神,把我带走吧!你是仁慈的,不要把我丢在这里。你是神的使者,你是真理的右手,不要把我丢下。我曾多少次找你而见不到你,我曾多少次呼唤你而你没听到。你现在听到我的声音了,请不要拒绝我的愿望。亲爱的死神,拥抱我吧!"

这时,死神用柔软的手指捂住少年的双唇,摄取了他的灵魂,放在自己的双翼之下。

死神在空中盘旋,望着这个世界,对着风说:"只有来自永恒世界的人,才能回到永恒世界去。"

论灵魂

灵魂之光是一起纯美与高尚的源泉。

即使是最高尚的灵魂，也摆脱不掉肉体的需要。

除了在那些灵魂酣睡、躯体失调的人们的思维里，灵魂与躯体之间是没有斗争的。

众神之主神从自身分离出一颗灵魂，且在其中创造了美。

主神给予灵魂黎明微风的清雅、田野鲜花的馨香与月光的柔和。

主神赐予灵魂一杯欢乐，并叮嘱说："你只有当忘记过去、忽视未来之时，才能饮用它。"

主神赐予灵魂一杯痛苦，并叮嘱说："你喝下它，才能领会生活欢快的本质。"

主神向灵魂中播撒慈爱；只要灵魂发出第一声贪得无厌的叹声，慈爱就会离开。

主神向灵魂中播撒甜美；只要灵魂吐出第一句自高自大的言语，甜美便会出走。

主神由天上降给灵魂以学识，以便引导灵魂步上真理之路。

主神注入灵魂深处以洞察力，足以使之看见不可见之物。

主神在灵魂深处创造一种情感，那情感既可随幻想流动，又能与幻影同行。

主神给灵魂穿上思念之衣；那思念之衣由天使用彩虹之波编织而成。

主神又将疑惑之黑暗置入灵魂里；那疑惑之黑暗本是光明的阴影。

主神从愤怒熔炉里取火，采集起于愚昧沙漠上的风，从自私海岸上弄来沙子，又从时光脚下取来土，然后塑造成人。

主神给自己塑造的人以盲目力量：疯狂之时，大发雷霆；面对欲望，火熄烟消。

主神微笑、哭泣，感受无边无际的慈爱，将人与其灵魂结合在一起。

我的灵魂忧伤过七次：第一次，是它试图通过贬低、抑制他人之路获得尊荣时；第二次，是它在瘫痪者面前一瘸一拐地走路时；第三次，是它在难与易之间进行选择，它择易而弃难时；第四次，是它做了错事，却为别人的错误幸灾乐祸时；第五次，是它因软弱百般忍耐，却把自己的忍耐视为强大时；第六次，是它从生活的泥塘中拉出自己的衣角时；第七次，是当它站在上帝面前唱歌，并把唱歌当成了它的一项美德时。

　　我的灵魂告诫我，教我爱人们所厌恶的，与人们所憎恨的人真诚交往。我的灵魂向我说明，爱神不把优点置于爱方，而将之置于被爱的一方。灵魂告诫我之前，爱情在我这里是一条纤细的线，系在两个相近的木桩之间；置于现在，则已变成一个光环，首端即末端，末端即首端，环绕着一切生灵，慢慢扩展，未来的一切都将落入它的环抱中间。

　　我的灵魂告诫我，教我观看被形式、色彩和外表遮盖着的美，让我凝神注视被人们当作丑恶的东西，直至向我指出美妙之点。我的灵魂告诫我，我认为的美就是跳动的火焰；烟柱消逝，除了燃烧的东西，我什么也看不见。

　　我的灵魂告诫我，教我静听非舌头、非喉咙发出的声音。灵魂告诫我之前，我听厌了那种响声，传入耳际的只有嘈杂、呐喊、不禁耳倦神疲；至于现在，我却害怕安静，喜听人们哼现代之歌，高声赞颂云天，公布幽冥秘密。

我的灵魂告诫我，教我喝非挤出的、非倒入杯中的、非用手举起的、不沾双唇的饮料。灵魂告诫我之前，我的干渴是灰烬堆里一颗弱小的火星；那灰烬是用小溪之水或榨汁厂水槽里的水浇灭的。我的产物就是畅饮，我的孤独就是微醉。我喝不足，饮无尽。但是，在这永不熄灭的火中，蕴藏着永不消逝的欢乐。

我的灵魂告诫我，教我触摸尚未凝固、结晶的东西，让我明白感触到的东西是半合理的；我们抓到的正是我们希望的一部分。灵魂告诫我之前，如果我感到冷，便以热为满足；若感到热，则以冷为满足；若感到不冷不热，则满足于二者其一。至于现在，我那萎缩的触觉器官已经散落开来，变成了细细的云雾，穿过一切存在，以求与其中隐藏的东西化合在一起。

我的灵魂告诫我；教我吸收芳草不散发、火炉不播撒的东西。灵魂告诫我之前，假若我想闻香味，便去花园，或对香水瓶、香炉吸气。至于现在，我则去嗅不燃烧、不流动的东西。我让自己的胸中充满芬芳气味；那香气未曾经过世上任何乐园，也非天上惠风所带来。

我的灵魂告诫我，教我在无名氏和险情呼唤我时回答："我在这儿！"灵魂告诫我之前，只有听见熟人的喊声，我才站起来；只有熟路，或者自以为好走的路，我才走之。至于现在，我熟识的人变成了牲口，我骑之走向无名地；平原变成了阶梯地，我拾级攀爬，以便接近险情。

我的灵魂告诫我，教我不要用我习惯说的"昨天……明天……"来衡量时间。灵魂告诫我之前，我想象着过去一去不复返,未来无法到达。至于现在,我则已经懂得:一切时间都在眼前这瞬间之中,包含着岁月期望成就和实现的一切。

我的灵魂告诫我,教我不要用我的习惯用语"这儿、那儿、那里"来划定地方。灵魂告诫我之前,我到地球的某个地方时,便以为自己已远离另一个地方。至于现在,我则已经明白:我所到之地,就是所有地方;我所占空间,就是全部距离。

我的灵魂告诫我,教我在本区居民安睡时守夜打更;等他们醒来时,我才入睡。灵魂告诫我之前,我睡觉时看不见他们的梦,他们不留心也看不到我的梦。至于现在,我则不会遨游梦乡,除非他们监视着我;他们也不会在梦空翱翔,除非我为他们获得解放而欢呼。

我的灵魂告诫我,教我不要因听见颂扬而高兴,也不要因听到责备而忧伤。灵魂告诫我之前,我总是怀疑我工作的价值及品位,致使时光派人前来褒奖或贬低之。至于现在,我则已经明白:树木春来开花,夏季结实,从不求赞颂;秋来落叶,冬令枝条光秃,却不惧贬词。

我的灵魂告诫我,教我认定自己不比贫民高贵,不比暴君低贱。灵魂告诫我之前,我认为人无非分为两种:其一是弱者,我同情之,或蔑视之;其二是强者,我跟随之,或背叛之。至于现在,我则已经明白:人类由群体构成,群体由一个一个的人构成,我是他们当中的一员;我的成分就是他们的成分;我的天良就是他们的天良;我的特征就是他们的特征;我的道路就是他们的道路。他们犯罪,我是罪犯;他们行善,我感自豪;他们站起来,我随之站起;他们退隐,我随之隐退。

我的灵魂告诫我,教我明白:我手里提的灯并不属于我;我唱的歌,并非成于我的脏腑。我即使借光明引路,我也不是光明;我,即使我成了上了弦的四弦琴,我也不是四弦琴。

　　我的灵魂告诫我,我的兄弟,教我明白了许多道理。我的兄弟,你的灵魂告诫我,你也懂了许多。你与我,彼此彼此,相近相似。我俩之间的差别,不过是我谈的都是自己的事,话里有股忍劲儿;而你,则深藏不露,守口如瓶,包含着一种形式的美德。

论祈祷

一个女祭司说：请给我们谈谈祈祷吧。

穆斯塔法①答道：

你们在悲伤或需要时祈祷。

但愿你们在心里充满欢乐和日子宽裕时也祈祷。

祈祷不就是让你们的"自我"发散在活的以太②之中吗？

假若你们发现向太空吐露心中的黯然之处是一种慰藉，

那么，你们倾吐心中的灿烂晨光也会感到是一种快乐。

当你们的灵魂要你们祈祷时，你们抑制不住自己的泪水，尽管你们哭个不住，灵魂还是催促你们再次祈祷，直到你们眉开眼笑。

你们祈祷时，心灵升入云天，以便会见那些同时祈祷的人们；

除了祈祷之时，你们不会见到他们。

就让你对冥冥中神殿的朝拜，成为微微陶醉、甜蜜柔美的聚会吧！

因为你进神殿只是求乞，那将一无所获；

假若你进神殿的目的只在于屈尊,那你的灵魂难以升华;

即使你进神殿是为他人求吉利,谁也不会听你的呼声。

只要你进入了那冥冥之中的神殿,也就够了。

我不能教你们用言语祈祷。

上帝不会听你们的言谈,除了那些上帝通过你们的口舌说的那些话。

我也不能把大海、森林、山岳的祈祷教给你们。

你们是大海、森林、山岳的儿子,你们能在你们的心中寻到它们的祈祷。

夜静之时,只要你们侧耳聆听,便可听到它们说道:

"我们的上帝啊,你是我们那展翅高飞的自我。"

你的意志就是我们的意志。

你的愿望就是我们的愿望。

你赐予我们内心深处的动力将我们的黑夜转化为白天;那黑夜是属于你的,那白天也是属于你的。

我们的主啊,我们不向你祈求什么,因为我们心中的需求产生之前,你已经知道我们需要什么。

因为你就是我们的需要;在你把自己更多地赐予我们时,你早把一切全赐予了我们。

我们都祈祷,但我们当中的部分人带着目的和知识祈祷,而另一部分人则无目的和无知识地祈祷。人之心在神圣的无限面前无声地跳动、歌唱着跳动。溪水流向海岸,无论山谷狭窄还是宽阔;溪水定会流到大海,无论天空布满冬季乌云,还是夹带着春令喜雨。

在我的信条中,祈祷是对存在的希望,对生活的向往,是有限意志对无限意志的想念;发自婴儿胸中的第一声呐喊,正是昏迷苏醒的祈祷;姑娘新婚之夜的害羞是对被我们称为母性的崇高存在希望所做的祈祷;临终者发出的最后一声叹息,是已知向无形未知神殿做的祈祷。

在我的信仰中,祈祷是农夫心里的甜美希望;农夫将种子播到地里,暗自说:"奉主之名,全靠吾主!"

祈祷是赶着羊群去绿色草原的牧羊人理性中的称心义务。祈祷是织匠灵魂里的美好工作;织匠坐在织机前,为美丽的少女织着斗篷,或为老人织着御寒的外套。

祈祷,在我的法律中,便是一个人诚惶诚恐地站在黎明之前,中午时分惊愕不安,暮霞中神魂颠倒;夜半之时,从埋伏地点站起来,带着沉寂与平安喜讯去往夜的平安与沉寂之中。

春天将花儿从沉睡中唤醒之前,花儿在祈祷。秋季将黄叶散落在地面上之时,树木在祈祷……当冬季试图用冰雪为树枝穿上殓衣时,树木在殷切地祈祷。

鸟儿鸣唱前后在祈祷;动物祈祷着求食,祈祷着躲进洞穴……

大山告别夕阳时在祈祷;夜幕笼罩下的山谷在祈祷。

沙漠在祈祷,祈祷声中有绿色森林和喷涌的泉水;山径在祈祷,祈祷的意思是平原和丛林;星斗在被黑暗显露之前和被光明隐没之后在祈祷;深渊在祈祷,祈祷的意义是天堂和乐园。

祈祷并不是信奉宗教者的一种职业,也不是人们欲重复显示的标志,认为通过它可以得到上帝的怜悯与祝福,而是人们的一种内里精神状态,简直就是大自然本身的一种看不见的客观情况;被我们称为人类的目的与正道,或大自然的方向或宗旨,或生命的必然命运的东西,充其量不过是存在于原子里的高尚、深刻、全面的一般祈祷,其存在于太阳之中,与第一物质形影不离,如同与普通智力相伴不分。

祈祷并不始于嘴唇发出,也不止于喉咙唱出;祈祷存在于我们的每一份最初情感和我们日日夜夜的每一时刻。

---

① 原为穆罕默德别名之一,意为"神选者"。纪伯伦的《先知》中,常以这种"与神对话"的问答形式探讨问题。(后同)
② 以太,或译光乙太,是古代希腊哲学家亚里士多德所设想的一种物质,认为它是一种电磁波的传播媒介。

论人性

当你向往着无名恩赐，又不知何故而悲伤时，你便与生长着的万物一道成长，高升直向你的"大我"。

你不过是你的"大我"的一个碎片，一张求面包的嘴，一只盲目的、为干渴之口举起杯子的手。

我们渴望而未得到的东西，总比我们已经得到的东西宝贵。

你不能超越自己对人的了解去判断任何人，而你对人的了解又是那样肤浅。

人有两个自我，一个在黑暗中醒着，另一个在光明中睡觉。

你的另一个自我常为你而惆怅。但是，你的自我在惆怅中成长。那么，也就没有任何妨害了。

一个人的价值，不在于他已经取得的成就，而在于他希望获得的成就。

其实，人总是在祈祷自己那深藏心底的希冀，期待它升腾，满足他的全部愿望。

在人的心灵之外，再没有深渊。心灵就是呼唤自我的深渊；除此，别无声音在说话，也没有别的耳朵在倾听。

只有弱者才思报仇雪恨。心灵上的强者总是以宽待宽，而受损者宽恕他人恰是莫大的荣光。

心灵是从神性锁链上脱落下来的一只金环，烈火熔化了这只金环，改变了它的外貌，抹去了它的圆形之美。但是，烈火不能把黄金变成别的物质，反而使之更加光亮，而该死的枯木、干草，只要火一来，便被火吞噬，使之变成灰烬，随风而被遍撒在沙漠之上……

一个人对另一个人说："海水涨潮时，我用鞋尖在沙滩上写了一行字；人们至今仍驻足读之，唯恐日后被什么抹去。"

另一个人说："我也在沙滩上写了一行字，但那是在退潮之时,海浪一来便将之抹去了,请告诉我,你写的是什么?"

前者回答道:"我写的是:'我是存在者'。你写的呢?"

"我写的是:'我是沧海一滴水'。"

只有你们沉醉于你们的"小自身"之中时,才能去寻找被你们称为"上帝"的天空。你们为什么不努力寻找通往你们的"大自身"的道路呢? 你们为何不努力减少惰性,勤于铺路呢?

当前"存在的可能性"则是:要成为聪明人,但同时有别于疯子;要成为强者,但不能欺凌弱者;要和儿童一起嬉戏,不是作为父亲,而要作为朋友,向他们学习做游戏。

在老翁老妪面前,要质朴温顺;即使你正伴着春姑娘,也要与他们一起坐在古橡树荫下。

要寻访诗人,哪怕他居身七条河之外;在诗人面前,要平心静气,不求什么,不要怀疑,不要发问。

要知道圣徒与罪犯是孪生兄弟,其父亲是"宽厚君主",二者降生时辰仅隔片刻,因此我们将之作为加冕王子看待。

要紧紧追随美神,哪怕她将你引至深渊边沿;倘若她生有双翅,你却身无片羽,只要她从深渊上空越过,你亦应该紧跟不舍;

因为美神不在之地，万物皆化为乌有。

要成为没有围墙的花园，要成为没有看守的葡萄园，要成为对路人敞开大门的宝库。

要成为遭过掠夺、受过欺骗、遇过挫折的人；还要成为迷路人，曾落入陷阱。这一切之后，你站在你的"大自身"顶峰，俯视你面前的一切，你会微微一笑，得知春天一定会降到你的葡萄园，在葡萄叶上起舞；秋天将催熟葡萄。你还会知道：假若你有一扇窗子总向东开，那么，你的家永不会空空如也；那些被人看做坏蛋、贼寇、阴谋家、骗人精的家伙，都是你的贫兄苦弟；也许此城的上空有座无形之城，那里的居民认为你就是这些人的集合体。

现在，我还有话向你们说。正是你们的巧手为我们日夜生活创造了一切必要的东西。

存在的可能性，那就是要你做个手能代眼的织匠；做个精通采光和间隔的建筑工；做个农夫，自感埋下的每颗种子都有一个宝库；做个对鱼和兽怀有怜悯之心的渔夫和猎手；此外，还要怜悯人间的一切贫困者、饥馑者。

除此之外，我还要说，希望你们每个人，希望所有的人，都要帮助他人实现其崇高美好目标。

当你们的灵魂随风飘荡时，

你们孤独，无人监督，不慎对别人犯下过错，同时也对你们自己犯了过错。

因为犯了过错,你们只有去敲天府圣门,不免受到怠慢,让你等上一时。

你们的神性自我像汪洋大海,

永远一尘不染

又像以太,

只助有翼者高飞。

你们的神性自我也像太阳,

既不识鼹鼠的路,也不寻觅蛇洞穴。

但是,你们的神性自我并不独自居于你们的实体之中。

你们实体里的,有一大部分是人性的,还有一部分尚未变成人性的。

那只是一个未成形的侏儒,睡梦中在雾霭里行走,寻求自己的觉醒。

我现在就谈谈你们的人性吧,

只有它才晓得罪与罚,而你们的神性自我和雾霭中行走的侏儒,却全然不知。

我常听你们谈起一个犯了过错的人,仿佛他不是你们当中的一员,而是一个闯入你们天地的陌生人。

至于我,却要说那纯洁或善良者,超不过存在于你们每个人心灵中的至纯至善;

同样,那恶劣或柔弱者,也不会低于你们每个人心灵中的极恶极弱。

正如一片树叶,只有得到整棵树的默许,才会枯黄。

就像那作恶者,如果不是你们大家暗中默许,他是不会作恶的。

仿佛你们行走在队伍中,都要寻找你们的神性。

你们既是路,也是行路者。

倘若你们当中有人跌倒,是因为后面的人而跌倒的,那便是告诫他们,让他们绕开绊脚石。

是的,他也是为前面的人绊倒的。他们虽然比他走得速度快,脚步也比他稳,却未曾挪开那块绊脚石。

我还有话对你们说,尽管我的话对你们的心说来很沉重:

被杀者对自己被杀,不能全然无辜;

被劫者对自己被劫,不能全无可责;

正直人也不能完全摆脱恶人犯的过错,

清白人也不能完全摆脱罪人犯的罪过。

是的,罪犯常常是受害者的牺牲品。

更多的是被定罪的人往往替那些无罪的和未受责备的人担负罪责。

你们不能把公正与不公、善与恶分裂开来;

因为他们同站在太阳面前,如同交织在一起的黑线和白线。

黑线断时,织工就要察看整匹布,也要察看织机。

“我是人的心,物质的俘虏,人类世俗法律的牺牲品。在美的田野中,在生活甘泉之畔,我被人为诗人制订的法律牢笼所俘获。在爱神手中的人类美德摇篮里,我孤独地死去。因为我被禁止享用那种美德和这种爱情之果。我所向往的一切,在人看来都是耻辱;我所渴望的一切,均被人判断为卑贱。

"我是人的心,被囚禁在世俗法规的黑暗中,已是衰弱不堪;我被幻想的锁链束缚,故而奄奄一息;我被遗弃在文明迷宫的角落里,已经步入死亡。然而人类一言不发,袖手笑而旁观。"

我听到了这些话语,眼见它和着血滴由那颗带伤的心里滴出。那之后,我再也没有看到什么,也没有听到什么声音,旋即回到了现实之中。

人分四类:第一类人,你一见他便会害怕他;第二类人,你不会怕他,说不定初见之时,还以为他是个弱者,但暂短相处之后,你会认为他是个强者,说不定会被迫怕他;第三类人,你一见他便会怕他,但经暂短或长期的相处之后,怕意便会从你心灵中消失,说不定会使他感到害怕;第四类人,你一见他便认为他是个弱者,你会使他常常惧怕你。

你始终害怕的第一类人,那是灵与肉俱伟大之人,而且灵魂的伟大与天质聪慧、心力强大紧紧结合在一起,肉体的伟大与机敏的外貌紧紧结合在一起,也就是说其性格全部表露在他的两眼里和面容上。

这类庄重严肃之人以意志坚定、庄严可怕、机灵警觉、思想敏锐为特点,事事关心,不乏正确见解。仿佛力量和智慧集于其一身,如果你不是他的对手,他便立刻狠扑向你,把你当做弱者,使你不得不怕他。

这类人在四类人中首先进入社会机构领导层,掌握管理大权。他们多半成为掌握实际控制权的人,很少有人成为受控制的人,即使是被领导者。

他们不贪钱财,除非利用钱财加强自己的权势。也许他们较之他人更正直,因为他们依靠的是自己的力量。他们很少同情弱者;即使对弱者有怜悯表现,也多半从政治目的出发,但不是经常性的。毫无疑问,他们是人类社会中最重要的成分;也许社会的进步全依靠他们;他们的人数多了,社会的进步则更快。对于这些人,我们要说他们福星高照,因为我发现他们事事顺心如意。其实,我们并不觉得他们的权势能够使万事按照他们的意愿发展,因为他们依靠自己的威严控制着社会中的其他因素,使之变为他们手中的工具,那些因素便一起为他们的利益效力。表面上,那些因素的作用在做着不同的工作,而实际上那些因素在照掌握权势者的意志行事,而不是按照自己的理想工作。因此,我们看到事事在随权势者的意志发展。

第二类人,你初见他之时,你不会怕他,也许你还认为他是弱者,但经暂短的相处之后,你会认为他是强者,说不定会被迫怕他。这类人则是灵魂伟大,而非肉体伟大;灵魂伟大与天质聪慧、心力强大紧相结合,但并非显示在外貌上,而且你也很少能够觉察出他的锐利眼光。

这类人也像第一类人一样,意志坚定,庄严可怕,机灵警觉,思想敏锐,事事关心,见解正确,但是,却不易变成掌握实权的人。

　　这类人与第一类人的不同,往往在于机敏和善用计谋。因为这类人依靠自己的智力多于依靠自己的眼力,虽然其坚强意志与勇气并不比第一类人差。

　　大谋士、阴谋家多半属于这一类人。多数政治家、政策操纵者、商号及公司的经理等,他们也属这一类人之列。

　　这些人,我们对他们了解得越深,便越是害怕他们。因为我们能够感觉到他们的坚强意志、正确见解、原则坚定和达到他们目的的不懈努力。

　　第三类人,是见之即怕之的那类人,但经暂短或长时间的相处之后,怕意便从你的心中消失,说不定还能使他怕你,因为他的力量只在脸面和外表,而头脑和心胸都很小。他的外表会把你欺骗,而他的言谈又会使他自我暴露。这类人中的许多人都是靠外貌骗人的人,而他们实则内心勇气极小;他们能够伪装自己,在周围那些天真幼稚的人们眼里,他们是受敬重的人,虽然他们的头脑空空如也,他们的心柔弱无比。

　　在这一类人当中,多的是自鸣得意者,而他们却是没有意识的洋洋自得,不知道自身的分量,而是一味骄傲自大,恐吓普通人。他们当中不乏进行空洞宣传者,在天真幼稚者看来,他们的外表也还能加强他们的宣传,因此总受他们的欺骗。

　　至于第四类人,你一见到他们便认为他们是弱者,你会使他们常常惧怕你。这类人多数被权势和绅士们拉去当做工具。他们的外表可明显表现出他们的心灵、头脑和意志均弱小无比。没有人指教他们,他们什么事也干不成。

　　这便是对人的阶层的综述。从威严层面上说,他们是一脉相承的。不过,在人们争夺权势时,他们当中的意志最坚强者将捷足先登,首先获得权势和威严。

也许有一个事实要弄明,那便是谁将成为胜者和赢家:假若上述同一阶层的两个人相遇,则是先获得权威的那个人,将依靠个人素质战胜另一个人,迫使另一个人畏惧他。

这便是某些人的政策,尤其是那些不具备战胜别人的真正智慧资本的人,他们从初次见面开始,就竭尽全力以高傲和勇敢给聚集在他周围的人们留下印象;此外,他们还竭力让人们想象他们还有什么伟大的地方,很少暴露他们的实质,以免导致他们的地位降低。

你只要了解这些,便容易明白如何与人们相处。在你弄明他们的实质之前,既不要屈从于他们,也不要去判断他们的地位和权势高下,更不要过分地在他们面前掩饰自己,以免他们知道你的底细之后看不起你。你要努力知己知彼,正确看待自己,也正确看待他人。

论言谈

一位学者说:请给我们谈谈说话吧。

穆斯塔法回答道:

当你与你的思想之间发生争论时,你就要说话了。

当你无法在你的心的孤寂中生活时,你的生活便挂在你的唇上,发出声音,作为娱乐和消遣。

伴随着你的大多话语,思想半受残害。

因为思想是天空之鸟,在语言中的樊笼里能够展翅,但却不能飞。

你们当中有些人,因怕寂寞,便去找贫嘴人。

因为在孤独的寂静中,呈现在他们眼中的将是赤裸裸的自我,于是设法逃避。

你们当中有的人说话时,在不知不觉或不假思索中,揭示一条真理,而他们自己却并不懂得它。

有的人把真理深藏心中,却不肯用话讲出来。

在这些人的胸中,心灵居住在韵律和谐的寂静里。

当你在路上或市场里遇到你的朋友时,就让你的心灵拨动你的双唇,指挥你的舌头。

让你声音里的声音,对朋友耳朵里的耳朵说话。

因为朋友的心灵会保存你心中的真理,

如同酒的颜色被忘掉了,酒杯也被丢掉,但舌头总保存着酒的滋味。

我厌烦了言语和夸夸其谈的人!

我的精神对言语和夸夸其谈者也感到疲倦!

我的思想就丢在言语和夸夸其谈者中间!

清晨,我醒来时,看到言语坐在我床旁边的报纸、杂志上,用狡猾、恶毒、虚伪的目光盯着我的脸。

我下了床,靠窗边坐下,想喝杯咖啡,驱起眼里的困意,言语随我而来,站在我面前,手舞足蹈,狂呼乱叫。我伸手去拿咖啡杯,言语的手紧紧跟随,接着和我一道喝起咖啡。我拿纸烟,言语也拿;我放下,言语也放下。

我去工作,言语紧追着我,在我耳旁叽叽喳喳,在我周围嘀嘀咕咕,在我脑海里噼噼啪啪地响作一团。我想把它赶走,它却格格大笑,尔后又复叽喳、嘀咕、噼啪。

我上街去,看到言语站在每一家店铺门前,贴在每一家墙壁之上。我看到言语挂在沉默者的脸上,随着他们或动或静,而他们却察觉不出。

假如我与友人坐在一起,那么言语便是第三个人。假若我遇到了敌人，那么言语就会膨胀、伸延，然后分身，变成一支浩浩荡荡的大军。其首在大地东方，其尾在西海之滨。当我离家远走的时候，言语的回声一直响在我的腹中，搅得我胃口欠佳，不思饮食。

我来到法院、学院和学校，发现言语及其父兄让欺骗穿上外衣，让诡计蒙上头巾，给词语穿上鞋子。

我来到工厂、机关、办公室，看到言语站在它的母亲、姑姑、祖母中间，摆动着两片粗厚嘴唇之间的舌头，而她们却朝着它笑，同时也朝着我微笑。

我来到寺院、庙宇访问，发现言语高居宝座，头戴做工精细、款式美观的王冠。

晚上，我回到自己的房间，发现日间听到的那些言语像蛇一样倒垂房顶，像蝎子在洞中生殖繁衍。

言语居于天空云外，言语遍布地上地下。

言语栖宿苍穹云霄之上、大海波涛之间，言语布满森林、洞穴和大山之巅。

言语无处不有。那么，喜欢安稳、寂静的人到哪里躲藏呢？

在这个世界上，谁能把我带入哑人的行列？上帝能怜悯我，赐予我以聋哑天质，让我在永恒寂静的天堂中幸福地生活吗？

难道世界上没有这么一个地方，在那里听不到咬牙嚼舌，无卖无买？

天哪！在地球上的居民当中，有不把自己尊为夸夸其谈者的人吗？在人类中，谁的口不为言语盗贼所忌妒呢？

假若夸夸其谈者只有一种，我们就甘愿忍耐了，然而其种类繁杂，不计其数。

一种曰"自卑型"。白天生活在沼泽里，夜幕降临，便靠近岸边，将头露出水面，发出凄楚的叫声，令人耳嫌神烦。

一种曰"蚊虫型"。蚊子也是沼泽的产物，围着你的耳朵飞来旋去，高唱无聊的鬼歌，其经是烦恼，其纬是厌恶。

一种曰"拐磨型"。这是奇特的一伙，各自心中都有一盘用明矾和酒精转动的石磨，发出的声音如同地狱里的响声，其最轻者也比拐磨的声音重。

一种曰"黄牛型"。他们吃足干草，站在街头巷尾，声声鸣叫，其最悦耳者也比水牛叫声粗犷。

一种曰"夜猫型"。他们的大部分时间消磨在生活的坟丘之间，将黑暗中的寂静化为啼哭，其最欢快者也比猫头鹰叫得凄惨。

一种曰"锯子型"。他们只能看到生活中的木料，整天分割生活，发出沙沙响声，其最甜润者也比锯子的响声虚弱。

一种曰"鼓皮型"。他们用大锤敲击自己的心灵，空口中发出噼噼啪啪的响声，其最柔和者也比敲声粗重。

一种曰"悠闲型"。他们没有工作，没有活干，哪里有座位，他们便坐在哪里聊谈，咕咕噜噜，说个不停，究竟在说什么，谁也不清。

一种曰"无聊型"。他们和人们捉迷藏，相互捉迷藏，和自己捉迷藏，并以幽默的名义求援；而幽默是严肃的，他们可不知道。

一种曰"织机型"。他们用风织布，但我们一直没有衣裤可穿。

还有一种，名曰"钟铃型"。他们只呼唤人们入庙，而他们却从不入内。

夸夸其谈者门类繁杂,不胜枚举,无法描述,其最奇异者属于冬眠类,整个宇宙都能听到他们的鼾声,而他们自己却不知道。

　　我已对言语及夸夸其谈者表示了嫌恶之意。我认为自己像一位有病的医生,或是一个罪犯,我伤害了言语,然而又是用言语来诋毁言语。我认为夸夸其谈者是不祥之人,而我也是其中的一名。上帝在送我至没有言语、没有夸夸其谈者的思想、感情、真理森林之前,会宽恕我的罪过吗!

论真理

需要证明的真理,仅仅是半真理。

听真理的人并不比讲真理的人低下。

真理,在任何情况下都是被人所知的,只是在某种情况下才被人讲出来。

揭示真理需要两个人合作:一个人将之说出,另一个人把它理会。

我与另一个自我从未完全一致过。似乎真理将我俩隔开。

我对绝对真理一无所知。但是,我在自己的无知面前感到心悦诚服;这其中蕴藏着我的荣耀和报偿。

真理本身并不是力量,即使那些雄辩家们反对这种说法。因此,真理应当将力量吸引到自己一边来,或自己靠到力量一边去。

真理是一种实在的鲜活力量,自身便可当众宣布人们的喜与怒。那些从事昭示真理的人们,他们是上帝的无形手指弹拨下的乐器：人们可以对之进行击打，但真理不被打；人们可以对之进行监禁，但真理不被监禁；人们可以对之进行屠杀，但真理是杀不死的，而是沿着自己的道路前进，并且无情地嘲笑紧抓着它的两只脚的无力弱手。

我是心情的向导。我是灵魂的佳酿。我是心灵的美食。

我是一朵玫瑰花：白日里张开我的心扉，让姑娘把我采去，亲吻我，将我置于她的胸前。

我是幸福之家。我是欢乐源泉。我是轻松起点。

我是靓女的柔润微笑，小伙子看见我将疲惫忘怀，生命变成展示甜滋梦想的舞台。

我是诗人的启示者。我是画家的引路人。我是音乐家的导师。

我是婴儿眼中的一瞥，慈母见之必顶礼膜拜，连声赞美上帝。

我把夏娃的胴体展示给亚当，使得亚当成了奴隶。我把身段展示给苏莱曼①，使苏莱曼变成了哲理诗人。

我冲希拉娜微笑，她则充满诱惑之力。我给克娄巴特戴上王冠，温情立即弥漫尼罗河谷。

我就像时光，今天建设，明日毁坏。我令人活，又令人死。

我比紫罗兰花的叹息温和。我比暴风强烈。

众人们，我就是真理——我是真理；这一点不为你们所知。

我是爱情的向导,我是精神的醇酒,我是心灵的美食。我是一朵玫瑰花,日出东方,我开启心扉,少女将我摘下,又把我亲吻,然后把我挂在她的胸前。

　　我是幸福之家,我是欢乐源泉,我是宽舒起点。我是窈窕淑女粉唇上的轻柔微笑,小伙子看见我会忘怀疲劳,他的生活会变成美梦的舞台。

　　我能启迪诗人的心灵,我能给画家引路,我能给音乐家当导师。

　　我是婴儿眼中的亮光,慈母见之,急忙跪拜、祈祷,把上帝赞扬。

　　我将夏娃的胴体展示在亚当面前,致使亚当对之顶礼膜拜;我在所罗门面前饰作他那意中人的苗条身段,致使所罗门变成了哲学家和诗人。

　　我向海伦微微一笑,特洛伊化为一片废墟;我为克娄巴特拉戴上王冠,尼罗河谷充满温馨和睦。

　　我像世世代代的人们,今天建设,明日毁坏;我是上帝,使万物生,亦令之死。

　　我比紫罗兰花的感叹轻柔;我比暴风强烈。

　　众人们,我就是真理。我是真理,这一点你们最该知晓。

---

① 《古兰经》中提到的古代先知之一。

论良心

　　良心是投生在人的庙堂里的神灵,是最好和最值得反复阅读、温习的文学书,是不住跳动的理性脉搏,它的搏动唤醒着我们。马可·奥勒留[①]说:"细察你的心灵深处,你会发现那里有仁善泉源,只要你肯挖掘,那泉水便永世不竭。"体厄尔·托马斯·亚当斯[②]说:"毫无疑问,活的良心属于推崇恩德的人,不满足于区分善与恶,而是像眼睛一样,每当危险临近,立即关合,用本能避开邪恶。"狄德罗[③]说:"到你想去的地方去,你的良心总是与你形影不离。"社会学家拉梅内[④]说:"良心受到谴责是一种痛苦,它会将你从你的举止中唤醒,使你知道你的心灵中有一种困惑,为了保全和维护生命,它正在做着使肉体痛苦的工作。"

---

① 马可·奥勒留(121—180),古罗马皇帝(公元 161—180 年在位),新斯多葛派哲学家。认为神是万物的始基,是世界理性,个人的意识在肉体死亡后都融于世界理性之中。每个人所遭到的命运都是符合他自己本性的,是天意。任何改变自己社会地位的行为都是违反天意的。认为一切事情的发生,都是必然的,是神意所决定的。宇宙就是一个按必然秩序联结起来的系统。要求通过自我深思而达到道德上的完善。行军中写成以格言形式陈述的《沉思录》十二卷。
② 体厄尔·托马斯·亚当斯(1873—1933),美国经济学家,毕业于巴尔的摩学院。约

翰斯·霍普金斯大学博士。曾任威斯康星大学、华盛顿大学和耶鲁大学教授。

③ 狄德罗（1713—1784），法国启蒙思想家、哲学家和文学家，无神论者。出身于手工业者家庭。曾学过法律。1746 年发表具有明显反封建、反宗教倾向的《哲学思想录》，该书被巴黎议会下令焚烧。认为物质是唯一的实体，物质之外不存在超自然的"理性实体"或上帝。认为宗教是愚昧无知的产物，宣称"上帝是没有的"。在美学上，反对"纯艺术"，坚持"美"和"真"的联系。提出画家应该不以古人而以自然为师。号召作家到农民茅舍里去寻找题材。著有《对自然的解释》、《演员的是非谈》、《论美》、《论戏剧艺术》等。

④ 拉梅内（1782—1854），法国天主教司铎、哲学和政治著作家。

论自由

忘却是自由的一种形式。

真正自由的人，就是忍耐地扛着努力枷锁的人。

真正的自由是孕育着高尚精神的一种情感，但只有在专制的阴影下和坐落在人类尸骨、头颅上的宝座面前，才会将之生下来。

自由是神灵点燃在强者心灵中的一柄神圣火炬，无论风暴多么狂烈，它依旧炽燃闪光，戏弄着周围的烟雾，嘲笑着压迫者的灰烬。

自由者也许会身陷囹圄，而自由则永远飘逸在广阔天空，永远面对太阳；自由者也许会身遭毒打，而自由却被永远由粗手污指紧握；自由者也许会丧命，而自由则伴随着生命大军走向永恒。

只有当你们的愿望化为自由，而不是你们的羁饰，不再把自由谈沦为你们追寻的目标和成就时，你们才能成为自由人。

当你们的白天不无忧虑而过，你们的黑夜不无惆怅而去之时，你们便获得了自由。

不如说当忧愁包围你们时，你们却能赤裸裸地毫无拘束地超脱之，你们才真正获得了自由。

假若你们不砸碎随你们苏醒的晨光而诞生，生命的太阳又将之加在你们身上的锁链，你们怎能超脱这些白昼和黑夜呢？

其实，你们说的那种自由，是这些锁链中最坚固的锁链，虽然链环在阳光下闪闪放光，令人眼花缭乱。

说真的，在你们灵魂深处的一切事物，都是运动着的，包括期盼的与恐惧的，可恶的与可爱的，追寻的与回避的，几乎都是永恒相互拥抱着的。

这所有一切在你的灵魂里运动着,就像运动着的光与影,成双成对,互不分离。

阴影淡化并消失时,留存的光则变成了新光的阴影。

你们的自由就是如此:当它挣脱了自己的镣铐时,它自身便变化为更大自由的镣铐。

我爱过自由。对人们受压迫和奴役的境况了解得越深,我就越是热爱自由;对人们屈从可怕偶像的情景知道得越多,我对自由的爱就越强烈。那些偶像都是黑暗世代雕成的,由持续不断的愚昧树立起来的,奴隶们的嘴唇将之磨得溜光。不过,我像热爱自由那样爱这些奴隶。我同情这些奴隶,因为他们是盲人:他们明明在与饿狼的血盆大口接吻,而他们却看不见;他们明明在吮吸毒蛇的毒液,而他们却感觉不到;他们明明在用自己的指甲挖自己的坟墓,而他们却全然不知。我爱自由胜过爱一切。

在自由女神宝座前,万木欢乐地嬉戏着微微惠风;在自由女神的威严面前,万木为阳光和月华而感到高兴。百鸟凑近自由女神的耳朵低声细语;在溪水旁边,围绕着自由女神的裙尾拍翅飞舞。在自由女神的天空中,百花挥洒自己的芳香;在自由女神的眼前,百花笑迎晨光降临。大地上的一切都依靠自己的自然法则生活着,又从自己的法则之中,吸取自由女神的荣光和欢乐。至于人类,则无缘获得这种恩惠,因为他们为自己的神性灵魂制订了狭窄的教规,为他们的肉体和心灵制订了一条严酷的法律,为他们的爱好、情感建造了可怕的狭小监狱,为他们的心智挖了一个深深的黑暗坟墓。如果某一个人从他们当中站立起来,脱离他们的群体和法规,他们就会说:"这个可恶的叛徒,应该放逐,这是个下贱的堕落分子,理当处死……"但是,一个人永远应做腐朽法规的奴隶,还是应该得到日月的解放,用灵魂为灵魂而活着呢?究竟一个人应该永远凝视着地面,还是应该把目光转向太阳,以便不再看自己的身体落在荆棘和骷髅之间的影子呢?

自由之神啊,我们从深渊之底呼唤你,请听我们的声音。我们从黑暗之中向你顶礼膜拜,请你看看我们。我们在这雪地之上向你顶礼膜拜,求你怜悯我们。我们现在站在你威严的宝座前,身上穿着父辈的、沾染着他们血迹的衣服,我们的情感蒙着混着他们遗骸的坟墓尘土,手握以他们的心肝当鞘的宝剑,举着曾刺穿他们胸膛的长矛,拖着曾毁伤过他们双脚的铁镣,用伤过他们喉咙的声音大声疾呼,以充满他们黑牢的号啕声恸哭,用发自他们内心痛苦的祈祷声祷告。自由之神啊,请留心细听我们的声音吧！从尼罗河源头，到幼发拉底河河口，心灵的哭声伴随着深渊的呐喊声，波涌般向你传送；从阿拉伯半岛之端到黎巴嫩前沿，被死神牵着的手颤抖地向你伸去；从海湾海岸到撒哈拉大沙漠的边沿，漫溢内心苦楚的眼睛望着你。自由之神啊，掉过头来看看我们吧！位于贫困与屈辱阴影下的茅舍里的各个角落，有多少人在你面前捶胸；坐落在愚昧、糊涂黑暗中的房舍里，有多少人向你倾心；在被压迫、奴役雾霭遮罩的住宅中，有多少颗灵魂思念你！自由之神啊，看看我们，怜悯我们吧！在学校和图书馆里，失望的青年向你诉说心声；在教堂和清真寺，被丢弃的经书在求你一阅；在法院和法庭，被搁置的法律在向你求救。自由之神啊，可怜我们，救救我们吧！在我们狭窄的街道里，商人出卖自己的时日，以便把换得的价值送给西方盗贼，却没有人劝阻他。在我们那贫瘠的土地上，农民用自己的指甲耕地，把自己心的种子播下去，用自己的泪水浇灌，收获到的却只有荆棘，而没有人教育他。在我们那光秃秃的平原上，贝杜因人①赤脚、裸体、饥饿地行走着，却没有人同情他。自由之神啊，请你开口说话，给我们施以教育吧！

人是生活的奴隶。奴隶主义使得人们白天充满屈辱、卑贱，黑夜饱浸血和泪水。

自我降生起，七千年过去了，我所见到的尽是屈辱的奴隶和戴镣铐的囚犯。

我周游过世界的东方和西方，我领略过生活的光明和黑暗，我看到民族和人民的队伍步出洞穴，走向宫殿。但是，至今我所看到的人们，个个被沉重的负担压弯了脖子，人人手脚被镣铐束缚，跪在偶像面前。

　　我跟随着人类从巴比伦行至巴黎，从尼尼微走到纽约，我亲眼看到人类桎梏的痕迹依然印在他们足迹旁边的沙地上。我从山谷、森林所听到的，尽是世世代代痛苦呻吟的回声。

　　我走进宫殿、学院、庙宇，站在宝座、讲台、祭坛前，我发现劳工是商贾的奴隶，商贾是大兵的奴隶，大兵是官宦的奴隶。但是，偶像是魔鬼弄来的一把泥土，并且将之竖立在骷髅堆上。

　　我进过富豪的家宅，我进过穷人的茅舍，我睡过镶金嵌银的牙床，我宿过魔影翩跹、死气沉沉的破屋。我发现幼儿将奴性和着母乳一道吮吸，少年将屈辱伴着拼音字母一道领受，少女身穿用驯服做里子的衣衫，妇女躺在屈从的床上入眠。

　　我跟随着一代又一代的人，从恒河畔来到幼发拉底河沿岸、尼罗河口、西奈山麓、雅典广场、罗马教堂、君士坦丁堡街巷、伦敦大厦，我发现奴隶主义阔步于各地的祭悼队伍之中，人们尊之为神灵。人们将美酒、香水洒在奴隶主义偶像前焚香，称之为圣哲。人们在奴隶主义面前顶礼膜拜，尊之为法规。人们为奴隶主义拼搏，誉之为爱国主义。人们向奴隶主义投降，命之为上帝的影子。人们照奴隶主义的意志，烧掉房舍，摧毁建筑，称之为友谊、平等。人们为奴隶主义辛勤奔波，称之为金钱、生意……总而言之，奴隶主义名字繁多，本义无异；表现各种，实质一个。其实，奴隶主义是一个永恒的灾难，给人间带来了无数意外和创伤，就像生命、习性的继承一样，父子相传；就像这些季节收获那些季节种植的庄稼一样,这个时代将它的种子播撒在另一个时代的土壤中间。

我见识过种种奴隶主义,其最出奇者,则是将人们的现在与其父辈的过去硬拉在一起,使其灵魂拜倒在祖辈的传统面前,让其成为陈腐灵魂的新躯壳、一把朽骨的新坟墓。

哑巴式的奴隶主义,将男子的岁月附着在他所讨厌的妻子的衣角上,将女性的躯体禁锢在她所讨厌的丈夫的床上,使夫妻双方在生活中变成鞋和脚的关系……

聋子式的奴隶主义,强迫人们依从环境,观其颜色而染色,看其衣着而更衣,听声应声,跟影随形。

瘸子式的奴隶主义,将强者的脖颈置于阴谋者的控制之下,用功名利禄引诱有能力者服从于贪婪者的嗜好,成为贪婪者信手拨转的机器,并且随时使之停转、将之毁坏。

早衰式的奴隶主义,将孩童的灵魂从广宇降到贫寒家舍,实施饥馑加上愚昧,屈辱添上愤怒,使他们在苦难中成长,生时犯罪,死时被弃。

画皮式的奴隶主义,买货不付实价,说好锦上添花,将阴谋称为聪慧,把啰唆当做学问,将软弱称为灵活,把胆怯叫做推卸。

蜷曲式的奴隶主义,以恫吓转动懦夫们的舌头,于是懦夫们言不由衷,表里不一,变得像衣物一样,在家庭主妇手中被任意摊展、折叠。

佝偻式的奴隶主义,假其他国家的法律治理本民族。

奸猾式的奴隶主义,给王子头上加国王的冠冕。

黑暗式的奴隶主义,任意侮辱加害罪犯的无辜儿子。

奴隶主义从属于奴性,是一种惯性力量。

我跟随着一代一代人奔走漫游,当我感到疲倦,并懒于观看民族的行列时,便独自坐在黑影密布的河谷,那里隐藏着昔日的幻梦,那里孕育着未来的灵魂。在那里,我看到一个消瘦的人影,它凝视着太阳踽踽孤行。我问:

"你是谁?你叫什么名字?"

它答道:"我名叫自由。"

我又问:"你的子女何在?"

它说:"一个被钉在十字架上,一个死于狂症,一个尚未出生。"

话音未落,它便隐没在云雾之中。

---

① "贝杜因"为阿拉伯语音译,意为"荒原上的游牧民",是阿拉伯民族的一部分。

论友谊

友谊是心灵的结合——不要把友谊看做可以买卖的商品。一个人也许能用自己在握的权势和武力制服他的兄弟们,但没有深情的爱怜,他却不能征服他的兄弟们的心。

你的朋友是你的能满足的需求。

朋友是你的田地,你在那里满怀爱意播种,满怀谢意收获。

朋友是你的餐桌,是你的火炉。

因为你饥饿地奔向他,在他那里寻求安稳。

当你的朋友向你吐露心声之时,你既不怕坦诚地向他说"不",也不会不肯向他说"是"。

当你的朋友沉默时,你的心仍然在倾听他的心声;

因为在友谊里,一切思想,一切愿望,一切希冀,均在毫无炫耀之中而产生和共享。

你与朋友别离时，不要忧伤；

因为朋友的可爱之处在于，当他不在之时，你会觉得友谊更加清新，这正如登山者在谷地里望山峰，山峰显得更加分明。

除了加深神交之外，不要对友谊抱别的目的。

因为那种只探求揭示自身秘密的爱，并不是爱，而是一张撒下的网，只能网住一些无用的东西。

你要把你灵魂中最美好的东西，留给你的朋友。

朋友要知道你生命的落潮，也要让他知道你生命的涨潮。

你为打发空余时光而找的人，那算是什么朋友？

你要常找朋友共度生命的宝贵时光。

朋友不是为了填补你心灵的空虚，而是为了满足你的需要。

要让友谊在温柔甜美中充满欢笑和同乐。

因为在润物的露珠中，心可以寻到自己的清晨，继而精神抖擞。

忠实的朋友是生活的香胶——爱情是花，友谊是其树——友谊是心灵的结合——不要把友谊看做可以买卖的商品。一个人也许能用自己在握的权势和武力制服他的兄弟们，但没有深情的爱怜，他却不能征服他的兄弟们的心。

喂，我的朋友，我并非你所看到的我。我的外表，只不过是一件用宽容、善果之线精织的外衣；我用它裹身，目的在于抵挡你的不期而访，免得让你觉察出我的粗心大意。至于被称为"隐藏的大自我"，那则是秘密，深居于我的灵魂寂静处，除了我概无人知，将永远作为秘密，永久隐藏在那里。

喂，我的朋友，请不要相信我的言谈话语，莫相信我的所作所为。因为我的谈话，不过是你的思想的回声；我的作为，不过是你的希望的幻影。

喂，我的朋友，你对我说："风吹向东方。"我会立刻回答："是的，风向东方吹。"因为我不想让你想到我那随海波游动的思想，不能和风飘飞。至于你呢，风能则已经撕破了你那陈旧思想的织物，无法再了解我那高飞在海上的深刻思想，你不知道我的思想底细更好，因为我想独自行于海上。

喂，我的朋友，你白日的太阳刚一升起，正是我的夜幕降临之时。虽然如此，我还要在夜幕之后向你谈谈正午舞动在山峦峰巅的金色阳光，谈谈它在舞蹈中所造就的注入河谷和田野的浓密阴影。我之所以跟你谈这些，因为你不能听到我幽暗的歌声，也看不到我的双翅在群星之间鼓动。啊，多好啊，你既听不到，又看不见那一切，因为我喜欢独自与黑夜交谈。

喂，我的朋友，你升入你的天堂之时，正是我下我的地狱之日。虽然你我之间隔着一道不可逾越的鸿沟，你却仍然呼唤着我："喂，我的伙伴，我的朋友！"我回答你说："我的伙伴，我的朋友。"因为我不想让你看到我的地狱，那里炽燃的火焰能烧伤你的眼睛,那里的烟雾能堵塞你的鼻孔。至于我,则珍视自己的地狱,不希望像你这样的人光顾。因为我喜欢独自呆在我的地狱中。

喂,我的朋友,你说你酷爱真理、美德和纯美。我效仿着你说,人应该酷爱这样的德行。可是,我的内心里却暗暗嗤笑你的这种爱。我之所以不想让你看见我在笑,因为我喜欢独自笑在心里。

喂,我的朋友,你是位德高、机警、明智的男子汉。你简直是位完人。因此,我珍惜你的尊严,以理智和谨慎的态度同你说话。然而,我是个疯子,离开了你所居住的世界,来到了一个陌生而遥远的天地。我之所以不让你看出我的癫狂,因为我喜欢独自成为疯子。

喂,我的朋友,你并不是我的朋友!可是,又有什么办法能让你明白这些呢?我的路并非是你的路,但我们可以并肩前进。

论婚姻

美特拉又问:夫子,关于婚姻,你有何论说呢?

穆斯塔法回答道:

你俩同生,相伴到永远。

当死神的双翼带走你的岁月时,你俩在一起。

是的,同样在默默追忆上帝之时,你俩也在一起。

不过,你俩结合中要有空隙。

让天风在你俩间翩翩起舞。

你俩要彼此相爱,但不要使爱变成桎梏;

而要使爱成为你俩灵魂之岸间的波澜起伏的大海。

你俩要相互斟满杯子,但不要用同一杯子饮吮。

你俩要互相递送面包,但不要同食一个面包。

一道唱歌、跳舞、娱乐,但要各忙其事;

须知琴弦要各自绷紧,虽然共奏一支乐曲。

要心心相印;却不可相互拥有。

因为只有"生命"的手才能容纳你俩的心。

要相互搀扶着站起来，但不要紧紧相贴。

须知神殿的柱子也是分开站立着的。

橡树和松树也不在彼此的阴影里生长。

在这里，爱情将生活的散文写成诗篇，把生命的意义编成书卷，供白昼朗读，供黑夜吟唱。在这里，思念揭去了遮掩往年隐秘的层层幕幔，集星点乐趣组成了只有灵魂拥抱主时才能得到的幸福。结婚，就是两性神格结合在一起，在大地上创生第三种神格。结婚，就是用爱情将两个强者结合在一起，共同抵抗一个可恶的弱者。结婚，就是将黄色的美酒与红色的佳酿混合在一起，产生出类似黎明到来时朝霞显现出的金黄色。结婚，就是两个灵魂和谐一致，两颗心联合化一。结婚，是一条长链的一个金环，那长链的首端是第一眼，其尾不见终点。结婚，是圣洁天空降向神圣大自然的纯净春雨，以便开发吉祥大地的潜力……如果说来自情侣的第一眼是爱情女神抛入人的心田的第一颗果核，而来自情侣双唇的第一吻像生命之树第一枝头开出的第一朵花，那么，与情侣结婚就像是那颗果核开出的第一朵花结出的第一颗果子。

婚姻，在我们这个时代是一桩可笑又可悲的交易，完全被男青年和姑娘们的父亲们所包揽。在这场交易中,多数地方的男青年们赢利,父亲们赔钱;而被当做货物从一家移入另一家的姑娘们,则欢乐尽失,如同旧家具一样,她们就被放在房舍的角落里,面对黑暗,慢慢地消亡。

　　现代文明使妇女的意识稍有长进,但却因为男子们的贪婪之心普遍化,因而妇女们的痛苦有增无减。往昔,妇女是幸福的女仆;如今,她们变成了不幸的女主人;往昔,她们是走在白日光明之中的盲人;如今,她们却成了走在夜幕中的明眼人。过去,妇女们因无知而显得妩媚,因朴实而显得娴淑,因懦弱而显得强壮;如今,她们因娇美而变得丑陋,因敏感而变得肤浅,因知事而变得远离人心。她们能有一日变得美貌与知识、妖丽与德高、身材苗条与心灵坚强于一身吗?我认为精神升华是人类的法则,渐臻完美是一条缓慢的规律,但它却是一条积极有效的规律。假若妇女在某件事上前进了,而在另一件事上落后了,那是因为登上山顶的路上有障碍,那里不乏贼窝和狼穴。在这座类似于苏醒前的昏厥的山中,在这座布满过去时代泥土和未来数代种子的山中,在这充满奇异嗜好和愿望的山中,不乏这样一座城市,那里的妇女正是未来女子的象征。

论孩子

一位怀抱婴儿的妇女说：请给我们谈谈孩子吧。

穆斯塔法说：

你们的孩子并不是你们的，

而是"生命"对自身的渴望所生的儿女。

他们借你们来到世上，却并非来自你们，

他们虽与你们一起生活，却并不属于你们。

你们可把爱给予他们，却不能给予他们以思想。

因为他们有他们的思想。

你们能够庇护他们的身体，却不能庇护他们的灵魂。

因为他们的灵魂居于明日的华屋，那是你们无法想见的，即使在梦中。

你们可以努力以求像他们，但不要试图让他们像你们。

因为生命不能走退步，它不可能滞留在昨天。

你们是弓，你们的孩子则是从你们的弓弦上射出的矢箭。

射手看见竖立在无尽头路上的目标，

他会用自己的神力将你们的弓引满，以便让他的箭快速射至最远。

　　就让你们的弓在射手的手中甘愿曲弯；

　　因为他既爱那飞快的箭，也爱那静止的弓。

论美

美就是整个大自然。美本是山冈间牧羊人、田间的农夫和山与海之间的漂泊者们的幸福起点。美是智者登上颠扑不破的真理宝座的阶梯。

在美的效用与爱的幻梦之间徜徉的一分钟，要比可怜弱者在把光荣献给贪婪强者中所度过的一生都要高贵。

美将我们俘获；至于最美，则把我们释放，甚至出自其本意。

当你达到生命的内核时,你将感触到万物中存在的美,甚至在瞧不见美的眼睛里。

我们活着是为了寻找美。其他一切只不过是形形色色的等待。

美在渴望美的人心里,比看到美的人眼里所发出的光更加灿烂。

美究竟是何物?就像人们对它的赞美和热爱各不相同一样,人们对它的解释和理会千差万别。林地之女说:"它对于你的心灵有一种吸引力;当你遇到它时,你会感到有数双手从你的内心深处伸出来,以便将它抱到你的内心深处;肉体将它看做一种考验,灵魂把它视做一种馈赠;它可使悲欢之间亲近、融洽、友爱;它隐藏着,你能看到它;它不为人知,你却知道它;它沉默无声,你能听到它;它是一种力量,起自你的圣洁灵魂,终在你的想象之外……"

　　林地之女走近我,伸出她那芳香的手捂住我的眼睛。当她把手移开时,我发现我独自站在那山谷中。我起身回返,心灵一遍又一遍地重复着:"美,便是你所看到的;你甘愿奉献,无意索取。"

　　美,并不是一种需求,而是一种欢悦。

　　美,并不是一张干渴的嘴,也不是一只伸出来的空手,而是一颗燃烧着的心,一个陶醉的灵魂。

　　美,既非你们想看见的一种形象,也不是你们想欣赏的歌。

　　美是你们闭着眼睛能看到的一种形象,又是你们捂着耳朵也能听到的歌。

　　美,既不是隐藏在皱巴巴树皮下的汁液,也不是联系着爪子的翅膀,而是一个鲜花开不败的花园,一群永远翱翔的天使。

　　奥法里斯城的居民们,美就是揭开面纱露出神圣面容的生命。

　　你们就是生命,你们就是面纱。

　　美是揽镜自照的永恒。

　　你们就是永恒,你们就是镜子。

人们啊，你们徘徊在各种宗教的歧路上，迷惘在不同信仰的山谷里，认为不信的自由比受皈依束缚更充分，不信的舞台比归顺的堡垒更安全，你们何不把美当作宗教，把美敬畏为主！因为美是体现理智成果的万物完美的外部表现。你们要唾弃那样的人：他们把虔诚比做游戏，今世贪图钱财无度，且乞盼来世尽享富贵。你们要相信美的神性！那是你们珍爱生命的起点，那是你们珍惜幸福的源泉。你们要向美忏悔！美会使你们的心靠近女性的宝座；那是你们所有情感的一面明镜。美，会把你们的心灵送返大自然的怀抱；那本是你们生命的故乡。

　　在夜里迷路的人们啊，沉溺在幻想汪洋里的人们啊，美中有不容怀疑的真理，美中有帮助你们对抗谎言黑暗的灿烂光明。请你们仔细观察春天的苏醒和晨曦的降临；那么，美可使观察者大饱眼福。

　　请你们侧耳聆听百鸟鸣唱、树叶沙沙作响和小溪淙淙流淌；那么，美可使听者得到一份福分。

　　请你们看看孩童的温顺、青年的机敏、壮年的力量和老年的智慧；那么，美足令观者迷恋、动心。

　　请你们赞美水仙花似的眼睛、玫瑰花似的面颊和秋牡丹似的小口；美，自然为赞美者们所颂扬。

　　请你们赞颂枝条般柔嫩的身段、像夜一般乌黑的秀发和象牙一样白皙的长颈；那么，美，一定为赞颂者们感到兴高采烈。

请你们把躯体作为圣殿献给美;那么,美,一定会奖赏那些顶礼膜拜者们。

承受天降美之奇迹的人们哪,你们欢呼吧,高兴吧! 因为你们无所畏惧,你们没有忧伤。

论夜

情侣、诗人、歌手的夜！

影像、灵魂、幻想的夜！

渴望、钟爱、思恋的夜！

巨人啊，你站在傍晚乌云与黎明新娘之间，恰似鹤立鸡群。你腰挂锋利宝剑，头戴月光冠冕，身披静夜长衫，睁千只眼注视生命深渊，侧万只耳倾听死神吟叹。

夜啊，你是黑暗，使我们看到了天上的灿烂光辉；白昼光明，却用大地的阴影将我们遮掩。

夜啊，你是希望，在无边的恐惧面前，是你掀开了我们的眼帘；白昼虚幻，在度和量分明的世界里，却使我们像瞎子一样受煎熬。

夜啊，你从容镇静，以沉默寡言揭示天上灵魂的奥秘；白昼喧闹，用大声吵嚷激发天涯沦落人的精神力量。

夜啊，你无比公平，总将弱者的美梦与强者的意愿拢集在困神的怀抱之中。

夜啊，你是仁慈之神，用无形的手指让不幸者合上眼，随将他们的灵魂带往温和的人间。

在你蓝色的衣褶里,爱慕者们倾吐自己的心绪;在你沾满露珠的双脚上,寂寞者们挥洒自己的泪滴;在你那散发着河谷幽香的手心里,异乡客留下自己的记忆。你是爱慕者的良朋;你是孤独者的亲人;你是异乡客的伙伴;你是寂寞人的挚友。

诗人的情感,在你的身影下匍匐;圣哲的灵魂,在你的双肩上苏醒;思想家的才智,在你的发髻里蠕动。你是诗人的递辞者,你是圣贤的启迪人,你是思想家的传授师,你是观察家的提示神。

当我的心厌恶了人类,我的眼懒于再看白昼的时候,便向遥远的旷野走去;因为那里栖息着先人的灵魂。

在那里,我看见一个黑色的庞然大物,生着千只脚,信步于平川、幽谷。

在那里,我定神凝视幽暗处的眼睛,侧耳倾听无形翅膀的拍击,伸手触摸寂静之神的衣领。

在那里,我面对阴森夜幕,不时自我鼓气壮胆。

在那里,我看到一个巨大的身影,耸立田地之间,头顶云朵,身裹雾幔,傲视太阳,戏弄白天,蔑视跪在偶像前熬眼的信徒,叱责身卧锦缎的君王,怒视着盗贼的嘴脸,忠实守护在孩童枕边;为烟花女的微笑而悲痛垂泪;因情侣的啼哭而顿绽笑颜;借你的双手,高高举起胸怀宽广的大丈夫;假你的双脚,狠狠踢开心胸狭窄的怯懦汉。

在那里,我看到了你,你也看到了我。你威严,你是我的慈父;我梦想做你的儿子,拆除你我之间的屏障,撕毁你我脸上遮罩的猜疑面纱。你向我倾吐了你心头的秘密;我向你诉说了我灵魂的希冀。你的威严化成了比鲜花更美、比蜜语更甜的歌声;

我的恐惧变成了比鸟儿安详、可爱的柔情。你把我高高举过头，让我坐在你的肩膀上。你教我放眼远望，洗耳恭听，侃侃叙谈。你教我爱人所不爱，你教我恨人所不恨。你用手指抚摩我的头，于是，我的思想纵横驰骋，化为江河，冲走凋草败叶；你用双唇亲吻我的灵魂，于是，我的灵魂轻轻摇动，化为火炬，炽烧怒燃，吞没枯枝朽木。

夜啊，我与你形影不离，直到我变得和你一模一样。我爱你呀，因为你我趣味相投。我了解你啊，变成了你的缩影。你在我那黯淡的心中，布满了耀眼的繁星。夜幕垂降，钟爱之神将群星点缀在苍穹；晨光初照，恐惧之神又将繁星收拢。我心中有一轮圆月，时而闪现在乌云密布的天上，时而出没于充满梦幻的旷野。我那不眠的灵魂何其平静，它道出了敬慕者的心愿，听到了崇拜者祈祷的回声。我的头周围有一层神奇的外壳，临死者的喉鸣声将之撕裂，返老还童者的歌声又把它缝合。

啊，夜呀，我像你，人们会揣测我因此而自豪；而他们，则因自己像火，引以为荣。

我像你，我俩都是无辜的被告。

我的性情、爱好、品格和梦想，无不像你。

我像你，虽然我没有金色云霞桂冠。

我像你，虽然晨姑没给我的衣服绣上金边。

我像你，我身上没有裹着云汉。

我是连绵、舒展、寂静、紊乱的夜。我的黑暗没有开头，也没有终点。当人们的眼睛里闪烁着欢悦光芒站起来时，我的灵魂却凄楚默然，升入云天。

夜啊，我像你；但是，我的黎明不会降临，直至笑迎大限。

论音乐

　　我坐在心上人的身旁,听她谈天。我侧耳聆听,默不作声。只觉得她的声音里有一股力量,令我的心为之颤动,如同触电,使我与自身各奔东西。于是,我的灵魂腾空而起,直上无垠太空,忽看宇宙成梦,又见躯体似狭窄牢笼。

　　一种奇妙的妖术迎合我那心上人的声音,打动我的感情。她的话已让我感到心满意足,竟使我淡忘了她的声音。

　　众人们,她就是音乐。当我的心上人叹息时,我听到了那音乐,不久又听到一些话语,听到她边说边发出轻轻笑声。我时而听她发出断断续续的字眼,时而听她道出连续不断的词句,时而听她吐出几个词语,且尚有一半留在双唇中。

　　心上人心中的激情,我亲耳听到,致使我顾不上仔细琢磨那些话语的本质,只能倾心欣赏她那体现为音乐情感的精髓,那就是灵魂之声。

　　是的,音乐是灵魂的语言,曲谱是拂动情感琴弦的和煦惠风。音乐是纤细的手指,敲开情感的门扉,唤醒昔日的记忆,将漫漫长夜包裹着的、为过去带来影响的桩桩事件公布于众。

　　音乐是细腻的和声,被谱写在想象力的册页上。悲乐是犹豫和痛苦时刻的记录,欢歌是吉祥与快乐时辰的回忆。

音乐是一组悲哀之声;听到它,你会停下脚步,使你的胸间充满苦闷和忧烦,向你描绘幽灵般的不幸与辛酸。

音乐是一组欢乐之歌;领悟它,你的情感会被之牢牢吸引,致使你的心在胸间舞蹈翩跹。

音乐是琴弦的响声;它带着情侣心中的波澜进入你的耳际。或许因情人远在天边,相思之情使你的双眼涌出焦灼的泪珠;或许因灾星的牙齿给你造成的伤口疼痛,令你泪如泉涌;或许你的双唇间溢出微微笑意,真实地显现你的幸福与快慰情怀。

音乐是临终者的躯体,既具有源自精神的灵魂,又有出自心田的意识。

人类出现了。我启示人类,音乐是天降的一种语言,与其他语言不同,它是将埋在心里的东西诉说给心,因此它是心灵的私语。它像爱情,影响遍及众人群生。柏柏尔人在沙漠里用它歌唱,歌声震撼了宫中君主的两肋。丧子的母亲把它融入自己的号丧之中,它是令无机物之心碎裂的哭声。欢喜的人们把它播撒在自己的欢乐里,它是令遭难者开心的歌声。它像太阳,因为它用自己的光辉复活了田野上的一切花木。

音乐像明灯,赶走了灵魂里的黑暗,照亮了心田,心底因之见天。我的天命里的乐曲是真实个性的影子,或是活的感官的幻想;灵魂就像一面镜子,竖立在一切存在事物及其变化之前,那些影子的形象及幻想的图像都会映入镜中。

音乐先于部队进入战场，能够振奋战士们的斗志，增强部队战斗力。音乐像一种引力，使部队团结一致，凝成一支永不分散的队伍。音乐不像诗人那样，无须在奔赴战场时带着文稿；也不像演说家，要有笔与书做伴；而是作为伟大统帅，统领着大军，给他们那虚弱的躯体里注入难以形容的巨大力量和热情，让他们的心中充满必胜信念，使他们勇于压倒饥饿、干渴和征途疲惫，奋起全身力量前进，向着敌人的阵地冲去，个个勇往直前，人人视死如归。音乐就像人一样，用宇宙间最神圣的东西，踏平宇宙间一切罪恶。

音乐是孤独牧羊人的伙伴。牧羊人坐在羊群之中的一块石头上，用芦笛吹上一曲，羊儿深会其意，放心吃起青草。芦笛是牧羊人的亲密朋友，终日不离其腰。芦笛是牧羊人的可爱伴侣，能使山谷间可怕的沉寂为人烟稠密的牧场所代替。芦笛以其感人的曲调消除寂寞，让空气中充满温馨与甜润气息。

音乐引导着旅行者的驼轿，可以减轻疲劳，缩短旅行路程。良种骆驼只有听见意在驱赶骆驼的歌咏声，方才在沙漠上前进。驼队里的骆驼只有脖子上挂着铃铛，方才肯负重上路。因此，当代的多智之士用乐曲和甜美的歌声训练猛兽，那就不足为怪了。

音乐伴随着我们的生命，和我们一起度过生命的各个阶段，与我们同悲共喜、同甘共苦。在我们快乐的岁月里，它像见证人一样站在我们面前；在我们苦难的日子里，它像近亲一样守护在我们的身边。

婴儿自幽冥世界来到人间,接生婆及亲戚们用欢乐、欣喜、愉快的歌声迎接;当婴儿看到光明时,便用啼哭向助产士和亲人们致意;而他们则报以欢呼、喝彩,仿佛在用音乐与时光竞赛,以期让婴儿理会神的睿智。

　　乳婴啼哭时,母亲走过去,哼起洋溢着怜悯之情的歌儿,乳婴顿时终止哭声,为母亲那凝聚着深情厚意的歌声而由衷快乐,片刻便进入甜蜜梦乡。母亲口中的摇篮曲里有一股力量,示意困神迅速关闭上乳儿的眼帘。那乐曲伴着寂静,使之更加甜润,抹去了它的可怖,使之充满了母亲慈爱的温馨,直至乳儿战胜失眠之苦,魂游精神世界。假若母亲用西塞罗的语气说话,或读读伊本·法里德①的诗句,婴儿是不会入睡的。

　　男子选定自己的生活伴侣,两个灵魂用姻亲关系结合在一起,完成当初智慧之神写在两颗心上的叮嘱,于是亲朋们聚在一起,唱着歌奏着乐,为新人婚礼作证。在我看来,婚礼之日的乐曲像是一种可爱的声音,其中掺杂着甜蜜成分;又好像一种赞美上帝创造生灵的声音;也像那么一种声音,正在唤醒沉睡的生命,令其起来行走,伸展蔓延,弥漫大地。

　　死亡是生命故事的最后一页。死神到来时,我们可以听到哀乐,可以看到哀乐让空中布满悲伤幽灵。在那令人悲伤的时刻,灵魂离开这个美丽世界的海岸,丢下谱曲者和号丧者手中的物质庙宇,游向永恒大海。人们以忧伤、遗憾语调哀叹,给遗体裹上湿土,用歌与乐为之送殡;歌和乐中饱含抑郁、悲凉、苦闷、烦恼和焦灼之情。人们又以乐曲和歌声为之扫墓添坟,土上堆土;纵使尸体腐烂,只要心总是想念着过世的人,那么,逝者的声音也便永远响在世人的躯体中。

啊,音乐,灵魂和爱情的女儿!啊,爱情苦汁与甜浆的容器!啊,人类心灵的幻想!啊,悲伤之果,欢乐之花!啊,情感花束里散发出来的香气!啊,情侣的口舌,恋人间秘密的传送者!你能把思想与语言统一起来,你能把动人的美编织成情感。你是心灵的美酒,饮者可以升入理想世界的至高处。你是大军的鼓动队,你是崇拜者灵魂的净化者。携带着灵魂幻影的以太,慈悲、温和的大海啊,我们把自己的灵魂交给你,把我们的心寄存在你的深处,请求你把我们的灵魂和心带到物质以外,让我们看看幽冥世界隐藏的一切吧!

---

① 伊本·法里德(1181—1235),伊斯兰教苏菲派思想家、诗人。

论逸乐

每年进该城的一位隐士走上前来,说:请给我们谈谈逸乐吧。

穆斯塔法答道:

逸乐是一支自由的歌,

但它并不是自由。

是你们的开花的愿望,

但却不是愿望之果。

是呼唤高的深,

但既不是深,也不是高。

是翅膀,却被关在笼中,

但不是被围绕的天空。

说实在的,逸乐是一支自由的歌。

我多么希望你们满心愿意地歌唱它,

但却不希望歌把你们的心迷惑。

你们当中有些青年,他们寻求逸乐,仿佛逸乐就是一切,他们理应受到责备与惩罚。

假若我是你们当中的一员，我则既不责备他们，也不惩罚他们，而要鼓励他们去寻求。

因为他们找到逸乐之时，发现的不仅仅是逸乐；

他们将发现逸乐有七姐妹，其中最不漂亮的也比逸乐靓丽。

你们没听过一个刨地寻找树根的人却发现了宝藏吗？

你们当中有些老者，想起自己享受的逸乐，不免感到懊悔，仿佛那是他们醉时所犯下的罪过。

然而懊悔只是蒙蔽心灵，不是惩罚心灵。

他们应满怀谢意回忆自己的逸乐，就像他们回忆夏季的收获那样。

假若懊悔能给他们的心带来慰藉，那就让他们品味慰藉吧。

你们当中有的人，既不是寻求逸乐的青年，又不是回忆逸乐的老者；

他们在畏惧寻求回忆之时，弃绝一切逸乐，生怕怠慢或伤害了自己的心灵。

然而他们的逸乐就在他们的弃绝之中。

即使他们曾用颤抖的手刨寻树根，他们却也发现了宝藏。

不过，请你们告诉我，谁能伤及心灵呢？

或许夜莺能破坏夜的宁静，流萤能触犯繁星？

你们的火或烟能加重风神的负担吗？

或者你们以为心灵是一汪死水，仅用棍棒一根便能将之搅浑？

在你拒绝逸乐之时，常常是将欲望隐藏在你的内心深处罢了。

谁能料想今日能避开的事情,明天不会仍等待着你呢?

你的躯体知道自己的遗传基因,也晓得自己的真正需要,任何东西都欺骗不了它。

你的肉体便是你灵魂的琴。

只有你才能使之发出甜美乐曲或噪音。

你现在就问自己吧:"我怎样区别逸乐中的善与恶?"

你到田野和花园里去,就会发现蜜蜂在从花中采蜜时找到了逸乐。

而花让蜜蜂把蜜采走,花也找到了逸乐。

而在蜜蜂的眼里,花是生命泉源。

在花儿看来,蜜蜂是爱的使者。

蜜蜂和花儿在授受中找到了需要和欢乐。

奥法里斯城的居民们,在你们的逸乐之中,你们要像花儿和蜜蜂。

论完美

兄弟,你问我:人,何时才能完美无缺?

请听我回答:

当人渐臻完美之时,会感到自己是浩无边垠的苍穹,是横无际涯的海洋,是盛燃不衰的烈火,是璀璨耀目的光焰,是间或狂作、间或静默的风暴,是时而电闪雷鸣、时而大雨滂沱的乌云,是欢歌笑吟或悲泣哀号的流水,是春来繁花似锦、秋至枝叶凋零的万木,是耸入云霄的山峦,是深邃低沉的峡谷,是有时肥沃丰饶、有时荒芜贫瘠的大地。

当人感到这一切之时,也便达到了通往完美之路的中途。要想达到完美境界,那么他还应该在内省之时自感是依恋母亲的孩童,是惠及后嗣的长者,是彷徨于愿望与爱情之间的青年,是奋战过去、苦挣未来的壮年,是独蹲禅房的隐士,是身陷囹圄的罪犯,是埋头书稿的学者,是不辨昼夜的愚夫,是宿身于信仰鲜花与孤独芒刺之间的修女,是挣扎在软弱獠牙与饥馑利爪之间的娼妓,是饱尝苦涩、逆来顺受的穷汉,是利欲熏心、谦恭下士的富翁,是漫游在晚霞烟雾和黎明之中的诗人。

　　当人经历并且熟悉了这一切的时候,也便达到了完美境地,与上帝形影不离。

论自然

　　亲爱的,让我们一起到丘山中走一走! 冰雪已消融,生命已从沉睡中苏醒,正在山谷里和坡地上信步蹒跚。快和我一道走吧! 让我们跟上春姑娘的脚步,走向遥远的田野。

　　来呀,让我们攀上山顶,尽情观赏四周平原上那起伏连绵的绿色波浪。

　　看哪,春天的黎明已舒展开寒冬之夜折叠起来的衣裳,桃树、苹果树将之穿在身上,美不胜收,就像"吉庆之夜"①的新娘;葡萄园醒来了,葡萄藤相互拥抱,就像互相依偎的情侣;溪水流淌,在岩石间翩翩起舞,唱着欢乐的歌;百花从大自然的心中绽放,就像海浪涌起的泡沫。

　　来呀,让我们饮下水仙花神杯中剩余的泪雨;让我们用鸟雀的欢歌充满我们的心灵;让我们尽情饱吸惠风的馨香。

　　让我们坐在紫罗兰藏身的那块岩石后相亲互吻。

　　亲爱的,让我们一起到田间去吧! 收获的日子已经到来,庄稼已经长成,太阳对大自然的炽烈之爱已使五谷成熟。快走吧,我们要赶在前头,以免鸟雀和群蚁趁我们疲惫之时,将我们田地里的成熟谷物夺走。我们快快采摘大地上的果实吧,就像心灵采摘爱情播在我们内心深处的种子所结出的幸福子粒。让我们用收获的粮食堆满粮库,就像生活充满我们情感的谷仓。

快快走吧,我的侣伴!让我们铺青草,盖蓝天,枕上一捆柔软的禾秆,消除一日劳累,静静地聆听山谷间溪水在夜幕下的低语畅谈。

亲爱的,让我们一同前往葡萄园,轧葡萄汁,将之储入池里,就像心灵记取世代先人的智慧。让我们采集干果,提取百花香精;果与花之名虽亡,种子与花香之实犹存。

让我们回住处去,因为树叶已黄,随风飘飞,仿佛风神想用黄叶为夏天告别时满腹怨言的花做殓衣。来呀,百鸟已飞向海岸,带走了花园的生气,把寂寞孤独留给了茉莉和野菊,花园只能将余下的泪水洒在地面上。

让我们打道回府吧!溪水已停止流动,泉眼已揩干欢乐的泪滴,丘山也已脱下艳丽衣裳。亲爱的,快来吧,大自然已被困神缠绕,它用动人的奈哈温德歌声告别苏醒。

我的生活伴侣,靠近我些,再靠近我一些,莫让冰雪的寒气把我俩的肉体分开。在这火炉前,你坐在我的身边吧!火炉是冬令里最可口的水果,给我们讲述后来人的前途,因为我的双耳已听厌了风神的呻吟和人类的哭声。关好门和窗户,因为苍天的怒容会使我精神痛苦,看到像失子母亲似的坐在冰层下的城市会使我的心淌血……我的终身伴侣,给灯添些油,因为它快要熄灭了;把灯放得靠近你一些,以便让我看到夜色写在你脸上的字迹……拿来酒壶,让我们一起畅饮,一道回忆往昔岁月。

靠近我些!我心爱的,再靠近我一些!炉火已熄灭,灰烬将火遮掩起来……紧紧抱住我吧!油灯已熄灭,黑暗笼罩了一切……啊,陈年佳酿已使我们的眼皮沉重难负……困倦抹过眼睑的眼睛在盯着我……趁睡神还没有拥抱我,你要紧紧搂住我……亲亲我吧!冰雪已经征服了一切,只剩下你的热吻……啊,亲爱的,沉睡的大海多么呆傻!啊,清晨又是何其遥远……在这个世界上!

春天来了,大自然借溪水的口舌说话,令人心旷,用鲜花的芳唇微笑,令人神怡。人类听惯了大自然那甜蜜的话语,看惯了大自然那柔美的微笑。可是,突然间,大自然怒气大发,将美丽城市捣毁。那是一种可惧的盲目的力量,仅仅一个时辰,便将在漫长年代里建成的一切夷为一片平地。暴虐的死神用利爪掐住人们的脖颈,残酷地使人们粉身碎骨。饕餮似的大火吞噬了无数生命财产,漆黑的夜色将生活的美掩藏在灰烬的厚被之下。强烈的飓风从自己的隐蔽处刮起,夺去弱者的生命,将他们的房舍摧毁,把他们缓慢聚集起来的一切顷刻卷扬而去。剧烈的地震本是由大地孕育,阵痛过后,生下来的却是废墟与不幸。

所有这一切发生之时,痛苦的心灵只能站在远远的地方默默沉思,难过悲伤:沉思面对没有理智的巨大力量,人的有限能力无可奈何,只能与那些从烈火下和毁灭性灾难中有幸逃生的人一起难过悲伤；沉思人类还有多少敌人隐藏在地下和天空，与号哭的母亲和饥饿的儿童一起难过悲伤；沉思物质的冷酷及其轻蔑宝贵生命，与那些昨天还在自己家安睡，如今站在远远的地方的人们，淌着悲泪，凭吊那座美丽的城市；沉思希望怎样变成了失望，欢乐如何化为痛苦，宽舒怎样转成了折磨，与那些在失望、悲痛、折磨魔爪下挣扎的心一起难过悲伤。

就这样，心灵站在沉思与悲伤之间，时而怀疑维系各种力量的公正性，时而又回来对着寂静的耳朵低语："在这万物之后，有一条永恒的哲理，它能把我们看到的灾难和地震化为我们看不到的美好结果。源于地球自身的火灾、地震和暴风，就像人心里的厌恶、仇恨和邪恶一样，会爆发、喧嚣，然后平息下来；正是上帝将这爆发、喧嚣和平息化为一种有益知识，供人类用眼泪、血汗和财产去换取。"

回忆使我停下脚步，这个民族的灾难充满听觉的是呻吟和哀号，昔日舞台上上演的种种不幸悲剧与教训，一幕一幕从我的眼前闪过。我看到一代又一代的人在大地的胸膛上建造了无数座城楼、宫阙和殿宇，不久大地又将之收回到自己的胸中。我看到强者们建造了许多座坚固的高楼大厦，雕塑家们用各种石料制成了无数尊尊雕像，画家们用各种画图和锦缎将内墙外壁装饰一新。我看到大地张着血盆大口，粗暴地将艺术之手和聪慧头脑建造的楼宇吞了下去，残酷地毁坏掉那尊尊雕像，愤怒地抹去那些画面上的线条，凶恶地埋葬掉那巨柱和高墙，仿佛认定自身就是一位窈窕淑女，根本用不着人类制作的首饰装点，仅仅穿上缀着沙金、石玉的草原绿装，就完美无比了……

然而，我发现在这些可怕的巨大灾难之中，有人的神格像巨人一样站立在那里,正在嘲笑大地的愚昧和飓风的肆虐,就像一根光柱矗立在巴比伦②、尼尼微③、台德木尔、孟买和旧金山的废墟之间,唱着永恒的歌:"让大地拿走它的钱财吧!而我的所有是无穷无尽的。"

---

① "吉庆之夜",又称"盖德尔之夜",伊斯兰教对《古兰经》始降之夜的敬称。"盖德尔"系阿拉伯语音译,意为"前定"、"定命"、"高贵",译作"高贵的夜晚"、"珍贵之夜"、"高贵之夜",又称"前定之夜"或"权力之夜"。关于盖德尔之夜的具体日期,教法学家说法不一。以布哈里,穆斯林所辑圣训为根据的三种说法是:(1)在莱麦丹月下旬的单日之中。(2)在该月的后七天之内。(3)在该月的第二十九夜。另外还有四种说法,其中最后一种说法是:"盖德尔之夜"一词由九个阿拉伯文字母组成,在《古兰经》第97章共出现三次,合起来为二十七个字母,故应为莱麦丹月的第二十七夜。因这一说法符合圣训精神,故被世界穆斯林所公认。伊斯兰历以日落为一天之始,而中国穆斯林习惯上沿用公历或中国的农历计日法,故常把莱麦丹月的第二十八夜误认为盖德尔之夜。
② 巴比伦古城遗址在今伊拉克巴格达东南,被称为世界七大奇迹的"空中花园"就建在当年的巴比伦城。
③ 尼尼微,曾经是亚述王国的都城,遗址在今伊拉克北部重镇摩苏尔附近。

论大地

大地被迫从地球中冲了出来。

大地在地球上昂首阔步,得意忘形。

大地从地球上取材建造宫殿、宝塔和庙宇。

大地在地球上撰写神话、创造学说、制定法律。

大地厌烦了地球的作为,便取来地球的光环编织幻影、幻想和欢梦。

大地的困倦合上地球的眼帘,于是地球进入了安谧、深沉、永久的梦境。

大地呼唤地球说:"我是子宫,我是坟茔。我永远是子宫和坟茔,直至星辰消隐,太阳化成灰烬。"

大地啊,你多么壮美,多么华贵!

你对光明俯首帖耳,你对太阳恭顺敬佩!

披上阴影时,你的风姿何其温文尔雅;戴起面纱时,你的容颜何其清秀妩媚!

你清晨的歌声多么甜润! 你夜晚的呼唤多么可畏!

大地啊,你多么高尚,多么完美!

我漫步在你的平原上,登上你的高山顶,来到你的河谷旁,攀缘你的岩石群,走进你的山洞里。我明白了:你的梦想在平原;你的威严在高山;你的宁静在幽谷;你的坚强在岩石;你的秘密在洞间。

大地啊,平原的力量使你广阔无垠;崇山的谦逊使你魁伟高大;河谷之深使你低洼;岩石之坚使你显得文雅;洞穴秘密使你光明正大。

我航行过你的大海;我跋涉过你的河流;我探访过你的小溪。我听到永恒之神伴随着你的潮汐谈笑;我听到时光女神在高原上、丘陵间歌吟欢叫;我听见司命之神在曲径和斜坡上与生灵论道。

大地啊,你是永生之神的唇舌,你是时光女神的手指和琴弦,你是死命之神的思想与宣言。

你的春天唤醒我,带着我漫步在你的林海之中;在那里,你呼出的气化为蒸气,袅袅上升。你的夏令呼唤我,让我坐在你的田野上;在那里,你的辛苦结出累累硕果,满目琳琅。你的秋天呼唤我,我来到你的葡萄园;在那里,你的血已经化成了玉液琼浆。你的冬季呼唤我,带我来到你的床前;在那里,你的圣洁已经凝成了纯白的雪片。

大地啊,你的春天浓郁芳香;你的夏令慷慨大方;你的金秋丰饶富足;你的冬令洁白无双。

晴朗的夜晚，我打开心灵的门窗，带着贪欲的镣铐和自私的枷锁，来到你的身旁，见你正凝视夜空，又见繁星对你微笑闪光。我解下镣铐，打碎枷锁，方才懂得：灵魂之家就在你的天空，灵魂的愿望寓于你的愿望里，灵魂的平安寓于你的平安里，灵魂的幸福寓于星辰撒在你身上的金色尘埃中。

乌云密布的夜晚，我厌烦了寂寞与孤单，来到你的身旁，但见你强大无比，周身用风暴武装，正用今战胜夕，以新压倒旧，令强征服弱。我明白了：人类的规则就是你的规则，人类的制度就是你的制度，人类的法律就是你的法律。谁不用自己刮起的风暴摧毁自己的枯枝，谁必将萎靡不振；谁不用自己的力量扯下自己的腐叶，谁必定日益衰亡；谁不把自己过去的功绩遗忘，谁必然不能创新。

大地啊，你多么慷慨，多么宽厚！

你对那些逃避现实、陷入幻想的儿女们何等怜悯。纵然他们身落泥潭，不能自救。

我们喧嚷，你却欢笑！

我们犯罪，你却宽饶！

我们渎神，你却祝福！

我们赎罪，你却念经！

我们虽已睡熟，但不能入梦；而你，在永恒的苏醒中，居然梦幻联翩！

我们用剑和矛伤害你的体肤；而你，却用油脂、药膏将我们的伤口治愈！

我们在你的庭院里种骨头和骷髅；而你，却在那里栽白杨和垂柳！

我们用你来掩埋腐尸朽骨;而你,却让我们的打谷场上堆满柴草,令我们的酒厂满贮葡萄!

我们用血迹污染了你的尊容;而你,却用多福河之水为我们擦洗面孔!

我们用你的宝剑制造大炮和炸弹;而你,却用我们丢弃的垃圾培养玫瑰和水仙!

大地啊,你的胸怀多么宽广,你的情操多么高尚!

大地啊,你到底是物,还是人?

莫非你是一粒灰尘,当上帝从宇宙的东方走向西方时,你飞离了他的脚下?或者你是一颗火星,来自永不熄灭的火堆?

莫非你是一颗果核,被埋入苍穹沃土中,果仁冲破硬壳,长成上帝的标志?

你究竟是大力神血管里的一滴血,还是其额上的一颗汗珠?

你究竟是太阳神缓慢舞动着的一颗果子,还是根扎永恒世界地底、枝插永恒世界天空的知善恶树①上的一颗果子呢?莫非你是一块宝玉,时光之神将你放在了空间女神的怀抱之中?

你是宇宙怀中的女婴,还是监视日夜、博通事理的老婆婆?

大地啊,你到底是物,还是人?

大地啊,你就是我!你是我的眼力和见识!你是我的智慧、幻想和梦思!你是我的饥与渴,你是我的苦与乐!

你是我眼中的纯美,你是我心中的思念,你是我魂中的永恒!

大地啊,你就是我;如果没有我,也就没有明天的你!

---

① 知善恶树,是《圣经》故事中伊甸园内的一棵树。人吃了该树上的果子,"眼明心亮",同上帝一样,"能知善恶"。

论劳作

一个农夫说:请给我们谈谈劳作吧。

穆斯塔法说:

你劳作,为的是与大地及其灵魂一道前进。

因为松弛懈怠者将成为时节的陌路人,并会远离生命的队列,而生命的队列正在迈着庄重的步伐,昂首、顺利地走向永恒。

劳作时,你是一支芦笛,时光的低语在你的腹中变成了乐曲。

在万物合唱之时,你们当中谁愿意做一支哑然无声的芦笛呢?

你们常听人说,劳作令人厌恶,苦劳是祸殃。

我要对你们说,你们劳作之时,实现的是大地的深远梦想的一部分;而那梦想诞生之日,实现的责任就是你们的。

你们进行劳作时,就是实实在在地实践对生命的热爱。

通过劳作热爱生命,便彻悟到了生命的最深秘密。

当你们痛感生活的疾苦之时,会把出生唤作悲剧,把养身视为可诅咒,并且写在你们的额上,那么,我要对你们说:只有用你额上的汗水,才能洗掉你们写在额上的字句。

也有人对你们说,生命是黑暗的,致使你们在过度疲倦之时,重复疲惫者们所说的那些话。

我要说,没有激励,生命的确是黑暗的;

不与知识结合,一切激励都是盲目的;

不与劳作结伴,一切知识都是无用的;

不与仁爱相配,一切劳作都是空虚的;

当你的劳作与爱相结合时,你便与你自己、与他人和与上帝连在一起了。

怎样才是满怀仁爱地劳作呢?

那就是用从你心中抽出的线织布做衣,仿佛你所爱的人将要来穿。

那就是满怀热情地建造房屋,仿佛你所爱的人将要来住。

那就是满怀温情地播种,欢天喜地地收获,仿佛你所爱的人将要来享用。

那就是把你心灵的气息灌输到你所制作的一切之中去。

你应当知道你的先人们都在你的周围看着你。

我常听见你们好像在说梦话:

"雕刻大理石,在石头里寻找自己灵魂形象的人,要比耕夫高贵多了。

"撷取虹的色彩,在画布上绘人像的人,要比编草鞋的人高明多了。"

至于我,则要在正午完全清醒时说:

风同高大橡树的低声细语,并不比同大地上最小的草更温柔。

只有把风声变成柔美歌声,并且将自己的爱心加入其中的人,才是伟大的人。

劳作是眼能看见的爱。

如果你进行劳作时不是满怀着爱,而是带着厌恶心里,还不如丢下工作,到庙门去,等待高高兴兴劳作者们的周济。

假若你无所用心地去烤面包,烤成的是苦面包,只能为半个人充饥。

假若你怀着怨恨榨葡萄汁酿酒,你的怨恨会在葡萄里渗进毒液。

你能像天使一样唱歌,却不喜欢唱,那就堵塞了人们的耳朵,使他们听不见白昼和黑夜的声音。

我爱劳动者。

我爱用思想劳作,用泥土和想象的星云创造鲜血、美丽、清新、有益图画的人。

我爱那样的人:他在父亲那里继承来的花园里发现一株苹果树,于是在旁边又栽了一株;他买了一棵葡萄树,能接一堪他尔葡萄,经他培养,能接出两堪他尔葡萄。

我爱那样的人:他拿起被丢弃的干木,为婴儿制成摇篮,或做成能弹出歌曲的吉他;我喜欢那样的人:他取来巨石,制成雕像,盖成房子和庙宇。

我爱劳动者。

我爱那样的人：他能把泥土变成盛酒的器皿，或装油的容器，或容香精的罐子。我喜欢那样的人：他能把棉花织成衬衫，能把毛织成外袍，能把丝织成面纱。

我爱铁匠：他打在铁砧上的每一锤，无不夹带着他的一点鲜血。

我爱裁缝：他用交织着自己目光的线缝制衣服。

我爱木匠：他敲进的每一颗钉子，无不夹带着他的决心和意志。

我爱所有这些人。我爱他们那浸透了大地各种因素的手指。我爱他们那满足忍耐象征的脸面。我爱他们那闪烁着勤奋珠光的生活。

我的心中充满着对牧羊人的爱：每日早晨，他赶着自己的羊群去绿色草原，将之带到清泉旁，用芦笛与之促膝交谈，直到长长的白天逝去；夜晚来临，将羊群赶回羊圈，那里是休息、安心之地。

我爱劳动者，因为他使我们的日夜相继。

我爱劳动者，因为他为我们提供食物，而克制自我。

我爱劳动者，因为他勤于纺织，让我们穿新衣，而他的妻儿却穿着旧衣服。

我爱劳动者，因为他建起高楼，而自己却住简陋茅舍。

我爱劳动者的甜美微笑。我爱劳动者两眼中的独立、自由目光。

我爱劳动者，因其温顺，自认为是仆人，虽然他是主人。

我爱劳动者，因其腼腆，自认为是枝条，虽然他是树根。

我爱劳动者,因其羞怯,你给了他工钱,未等你感谢他,他先感谢你;你一赞美他的工作,便看到他泪花模糊了双眼。

我爱劳动者,因其为了让我们的背直起来,他总是弯着背;为了让我们的脸朝上方,他总是弯着自己的脖子。

我爱劳动者。

灵魂与肉体俱懒,且又厌恶劳动的人,我能说他什么呢?因为需要金钱而拒绝劳动的人,我能说他什么呢?因为审视劳动,自认为自己比那些双手沾满泥土的人高贵,我能说他什么呢?

坐在存在的餐桌旁,却不把自己辛苦换来的面包和美酿放在餐桌上的人,我能说他什么呢?

那些不种想收的人,我能说他什么呢?

我只能像评说植物和靠吸植物津液与动物血液而延续生活的寄生虫那样评说这些人。

我只能像评说趁喜娘新婚之夜偷窃新娘首饰的盗贼那样评说这些人。

论故乡

假若我死了，

请你们说：他去了故乡！

他是一位异乡人，

心中充满对故乡的向往！

今世他是人质，

心雄志壮；

到了天园，

他方才得到解放。

　　当你看到太阳从萨尼山①和米扎布山②口之后升起之时，请你念起我；当你看到夕阳西下，废墟和山谷披上红色面纱，仿佛因为别离黎巴嫩而滴血替代垂泪时，请你念及我；当你看到牧人们坐在树荫下吹起他们的芦笛，像阿波罗被神灵放逐到这个世界时那样行事,使寂静的旷野充满歌曲之时,请你提及我;当你看到黎巴嫩少女们肩扛着水罐时,请你记起我;当你看到黎巴嫩村夫在太阳下耕地,额头上挂着汗珠,腰都被累弯了之时,请你想起我;当你听到大自然倾注到黎巴嫩人心中的歌——那歌用月华之线组成,夹带着谷地的气息和雪杉林吹来的微风时,请你念起我。

在这个世界上,我是个异乡人。

我是个异乡人。远离故土,孤独寂寞,痛苦难耐,即使我永远思念我不认识的神秘故乡,使我的梦境里出现了我望不到的遥远故土的影子。

在这个世界上,我是个异乡人。

我是个异乡人。我游历过大地的东方和西方,没有找到自己的故乡,也没有碰到认识我的人,更没有人听我诉说衷肠。

在这个世界上,我是个异乡人。

我是个异乡人。在这个世界上,没有一个人听得懂我心灵的语言。

我漫步在空旷的原野上,看见溪水从山谷深处涌出,直上崇山之巅。我看到光秃的树木,转眼间换上了绿装,继而开花、结果、落叶、枝条落到谷底,一眨眼变成一条条抖动的毒蛇。我看到鸟儿展翅飞翔,时高时低,忽歌忽啼;转眼间,群鸟落地,变成裸女,个个披头散发,人人脖颈修美,目光含情脉脉,双唇微开笑溢;她们向我伸出手来,那手细嫩洁白,芳香阵阵扑鼻;刹那之间,裸女隐去,如云似雾,却听到天空中回荡着嘲弄我的笑声。

　　在这个世界上。我是个异乡人。

　　我是一个诗人。我用生命写的散文作诗,借生命作的诗写散文。我是个异乡人。我将永远是个异乡人,直至天年竭尽,叶落归根。

---

① 在黎巴嫩境内。
② 在黎巴嫩境内。

论祖国

你们有你们的黎巴嫩;我有我的黎巴嫩。

你们有你们的黎巴嫩及其疑难问题;我有我的黎巴嫩及其壮观绮丽。

你们有你们的黎巴嫩,包括其目标、志向;我有我的黎巴嫩及其梦想和愿望。

你们有你们的黎巴嫩,请你们喜欢它吧!我有我的黎巴嫩,我只满足于它净洁无瑕。

你们的黎巴嫩是个政治结扣,时光老人试图解开;我的黎巴嫩是座高山,嵯峨雄壮,直插云天。

你们的黎巴嫩是国际难题,黑夜之神将之掷东抛西;我的黎巴嫩是幽静河谷,在铃声溪歌中翩跹起舞。

你们的黎巴嫩是角逐场,西来一群,南到一帮,争斗不息;我的黎巴嫩是祈祷声,清晨,它展翅鼓翼,送牧人、羊群奔往草地。晚上,当农民从田野、果园归来时,它高高飞起。

你们的黎巴嫩是首脑聚集的政府;我的黎巴嫩是威严而又和善的大山,犹如不朽诗人,端坐大海与平原之间。

你们的黎巴嫩是狐狸遇到狼群中的鬣狗时使用的诡计;我

的黎巴嫩是难忘的记忆,可使月下姑娘们和谷场、奶厂的小伙子们的歌声重新回荡在我的耳际。

你们的黎巴嫩是宗教头领、军事将帅手下的棋盘;我的黎巴嫩是座庙宇,当我看厌了眼前的文明时,便带着灵魂躲进那里。

你们的黎巴嫩是两个人:一个抓钎,一个打钎;我的黎巴嫩是一个人,依着手臂,站在杉树荫下,他只与上帝和阳光共处同欢。

你们的黎巴嫩是港口、邮政和贸易;我的黎巴嫩是远大理想、炽热情谊、大地与太阳的悄声细语。

你们的黎巴嫩是职员、工人、经理;我的黎巴嫩则是青年的好胜、壮年的意志、老年的智力。

你们的黎巴嫩是代表团、委员会;我的黎巴嫩则是风雪弥漫之夜里火炉周围的座位。

你们的黎巴嫩是集团、政党;我的黎巴嫩是活泼少年,勇攀山石,敢与溪流竞走,将木球掷向广场。

你们的黎巴嫩是报告、讨论、演讲;我的黎巴嫩是虭鸟鸣唱,是白杨、冬青檞枝条沙沙作响,是岩窟、洞穴中芦笛的回荡。

你们的黎巴嫩是虚伪面纱掩盖下的欺骗,是效仿、做作外套中的沽名钓誉;我的黎巴嫩则是朴素无华的事实,临水池边,可以照见自己安详舒展的面容。

你们的黎巴嫩是纸上的法律、条款,是卷中的合同、协定;我的黎巴嫩是生活秘密中的本能,而其本身并不知道,是苏醒时试图探索幽冥世界的一种渴望,而自己却还在梦中。

你们的黎巴嫩是位老翁,捋着胡须,一筹莫展,只想自己;我的黎巴嫩是个青年,站似高塔,笑若黎明,知己知彼。

你们的黎巴嫩与叙利亚时合时分,双方既想联合又想分离;我的黎巴嫩,则不合、不分,不卑、不亢。

你们有你们的黎巴嫩;我有我的黎巴嫩。

你们有你们的黎巴嫩及其子嗣;我有我的黎巴嫩及其儿女。

天啊,谁是你们的黎巴嫩的子嗣?

何不去看看他们的真实情况呢?

他们的灵魂诞生在西方人的医院里。

他们的智慧来自那些佯装慷慨豪爽、实则贪得无厌人的怀抱之中。

他们是柔弱的枝条,左右摇摆,毫无目标;他们早晚战栗,而自己却全然不知。

他们是浪涛上的船只,既无舵,也无帆;犹豫、彷徨是它的船长;妖魔栖宿的洞穴是它的归港——难道说欧洲的每个国家不全是魑魅魍魉的洞窟吗?

他们个个口齿伶俐、能言善辩,可惜全都是门里的强汉;在欧洲人面前,人人瞠目结舌、哑口无言。

他们是热情洋溢的自由革新家,可惜只限于报纸、讲台;在西方人面前,他们都是些被人牵动的倒退派。

他们青蛙似的鼓噪说:"我们已经摆脱了凶残的顽敌!"其实,他们的敌人依旧隐蔽在他们的肌体里。

他们走在殡葬行列前,跳舞吹笛;遇上迎新队伍,他们的乐声转为号丧,舞蹈变成捶胸撕衣的乱动。

他们不知何为饥馑,除非身遭灾荒;他们遇上精神饥饿的人,反倒取笑,弃而远之说:"这不过是永恒世界里的幻想。"

他们是奴隶,时光老人取下他们手脚上生了锈的镣铐,换上光芒璀璨的枷锁，而他们便以为自己成了绝对自由人。

这就是你们的黎巴嫩的子嗣。难道他们能代表黎巴嫩的坚硬岩石、高耸山峰、甘甜河水、芳馨惠风？有谁敢说："我死之时，我的祖国定比我生时的景象好了寸分？"有谁敢说："我的生命是黎巴嫩脉管里的一滴血，或是眼眶里的一滴泪，或是唇边上的一丝笑意？"

这就是你们的黎巴嫩的子嗣。他们在你们眼里多么伟大，而在我的眼里又是何等渺小！

请停片刻，看看我的黎巴嫩的儿女：

他们是农夫，穿过崎岖小路，走向花园、苗圃。

他们是牧人，赶着羊群，从一个山谷来到另一个山谷，羊儿渐大，羊数增多，供他们以肉为食，给他们以毛做衣。

他们是葡萄园丁，榨葡萄以酿纯酒，凝醇酒以制糖蜜。

他们是父亲，辛勤培植桑园；他们是母亲，巧手织出绸缎。

他们是男子，收割谷物；他们是妻子，拣拾柴禾。

他们是泥瓦匠、陶瓷工、编织工、钟表匠。

他们是诗人，将自己的灵魂斟入新杯；他们是天才诗人，朗诵着责备诗、打油诗和抑扬格诗。

他们离开黎巴嫩时，心中仅仅怀着激情，手上力量无限；他们返回祖国时，个个肩负大地珍宝，人人头戴荣誉桂冠。

他们所到之处，无不战胜周围环境；他们所在之地，必定团结所有众生。

他们生于贫寒茅舍，死在科学宫殿；他们是风打不灭的灯，时令摧不毁的盐。

他们迈着坚定的步伐走向真理，步入完美境地。

一百年之后，你们的黎巴嫩及其子嗣会怎样呢？请告诉我——难道你们只为将来留下诉讼案件、花言巧语、呆钝愚昧？难道你们以为时光老人只在自己的记忆中留下欺诈、哄骗和谄媚？

难道你们认为上苍只在自己的口袋里贮藏死人身影、墓穴灵魂？你们猜想生命会以褴褛遮掩它那裸露的躯壳？我告诉你们，事实终将证明我的论断：农夫在黎巴嫩山脚下栽的橄榄树，比你们全部的业绩长存永恒；牛犊在黎巴嫩田里拉的木犁，比你们所有的希冀光辉高贵。我告诉你们，所有的良知请听我讲：黎巴嫩高原菜园里的歌声，比你们任何啰嗦汉的琐碎话语长命高寿。我告诉你们，你们是微不足道的。倘若你们知道微不足道，那么，我对你们的嘲笑方式会和善一些，慈悲一些；但是，你们不知道自己卑微。

你们有你们的黎巴嫩；我有我的黎巴嫩。

你们有你们的黎巴嫩及其子嗣。假如你们能满足于空泡沫，那就请你们知足吧！至于我，我对我的黎巴嫩及其儿女，不仅心满意足，而且心中充满甜蜜、安详和宽舒。

我的亲人死了。我还活着，孤独地哀悼我的亲人。

我的友伴死了。在他们之后，我的生活也面临着他们所经历过的种种灾难。

我的亲人死了，我的友伴死了。眼泪和鲜血浸透了祖国的高原。在这里,我像亲人、友伴活着的时候那样生活;当时,祖国的高原沐浴着太阳的光焰。

我的亲人死了,不是饿死,便是亡于刀剑。在这个遥远的国度里,我生活在自由、欢乐的人们中间。他们吃食香美,饮料可口,床铺光滑柔软。他们望着岁月笑意盎然;岁月望着他们春风满面。

我的亲人死得真惨,而我却在这里活得舒适安然。这是一幕永恒的悲剧,常在我心灵的舞台上重演。

假若我也在饥饿的亲人中间忍饥挨饿,在苦难同胞中饱受摧残,那么,白昼的脚也会轻踏我的胸前,黑夜在我眼里也不至于如此黯淡。因为与亲人共患难,会让人感到欣慰;与无辜者同遭灾,会令人引以自豪。

但是,我没有能够与亲人一道同受饥寒之苦,没有跟随他们的队伍共赴灾难,而是幽居重洋外,生活宽裕悠闲。在这里,我远离祸殃和灾民,毫无引以自豪、炫耀之处,只得泪垂胸前。

远方避难的人能为饥馑的亲人做些什么?

但愿我能知道,诗人的痛哭哀号究竟有何用?

倘若我是生长在祖国大地上的一个麦穗儿,那么,饥饿的儿童可以将我采摘,用我将死神之手推开。

倘若我是祖国果园中的一颗成熟之果,那么,饥饿的妇女可以拿我填充饥肠。

倘若我是飞翔在祖国蓝天中的一只鸟,那么,饥饿的男子可将我生擒,用我的躯体驱散他身上的坟荫。

但是,事不随心,我既不是叙利亚平原上的麦穗,也不是黎巴嫩山谷中的熟果。这就是我的不幸,这就是我的无声灾难,它使我在自己的灵魂里变得渺小,在黑夜的阴影中变得卑贱。

这是一幕凄凉的悲剧,令我张口结舌,束手无策,失去理想,无所事事。

人们对我说:你的祖国所面临的灾难,只不过是世界灾难的一部分。你的祖国淌出的血和泪,只不过是日夜奔腾在地球的山谷和平原上的血泪河中的几滴。

是啊!但是,我国的灾难是无声的灾难——我国的灾难尽是毒蛇们带来的罪孽所造成——我国的灾难是没有乐曲、没有场面的无声悲剧。

假如我国人们因起来反抗他们的暴虐君王而全部壮烈牺牲,那么我会说,为自由而死胜过屈辱而生;握剑而死,死得光荣。

假如我的民族参加了战争,而且全部战死在沙场上,那么我会说,那是风暴将绿干枯枝一道摧折。夭折在风暴之中,比寿终正寝更加高贵可敬。

假如地球上发生了地震,我国因之地覆天翻,房倒屋塌,泥土埋没了我的亲朋,那我会说,这是内在规律,人力无法抗拒,要了解其秘密也不可能。

可是,我的亲人既非死于反抗,更不是葬身于地震,而是惨死在屈辱之中。

我的亲人死在十字架上。

他们死时,手掌伸向东西两方,目光凝视着黑暗的苍穹。

他们默默而死,因为人们的耳朵已被封住,听不到他们的呐喊声。

他们死了,他们既不像胆小鬼那样向凶狠的敌人屈服,也不像忘恩负义的人那样背弃好友良朋。

他们死了，因为他们没有当罪人。

他们死了，因为他们没有反抗压迫。

他们死了，因为他们主张讲和。

他们饿死在盛产牛奶和蜂蜜的地球上。

他们死了，地狱之蛇吞食了他们田野上所有的牲畜，吞食了他们谷仓内的全部食粮。

他们死了，蛇的子孙将毒汁喷洒在充满玫瑰、茉莉芳香的天空。

我的亲人死了。叙利亚人啊，你们的亲人也死了。我们能为活在人间的人们做些什么呢？

我们的哀号不能填饱他们的饥腹。我们的眼泪不能解除他们的口渴。为了把他们从饥饿、危难中拯救出来，我们能做点什么呢？

难道我们能够犹豫、彷徨、懈怠，置巨大悲剧于不顾，一心忙于生活的琐事吗？

我的叙利亚兄弟，把你的部分生活用品献给失去生计的人们，这是你唯一能够做到的事情，会使你昼夜之间感到心地安然。

有人向你伸手，你就给他一分钱；这一分钱，就是一个金环，可把你与高尚人格紧紧连接。

我爱我的国家，其爱有一千只眼睛在看，有一千只耳朵在听。

　　我爱我的国家，虽然她多病；我爱我的国民，虽然他们屡遭不幸。假若不是我的国家有病在身，我的国民神魂受损，我便不会信守誓言，也不会日夜将我的国家和国民挂在心间。

　　我爱我的国家，心明眼亮；爱若失明，会化为愚昧；爱中的愚昧既伤害爱者，也欺骗被爱者。

　　我爱我的国民，神清志醒；爱中的清醒，既不穿纱织之衣，亦用不着赞美所做之装。

　　我爱我的国家，多思多想；爱中的思与想，不会将被爱者思为瘦弱憔悴，也不会将被爱者的眼睑想成发黑。

　　我爱我的国家，我爱我的国民；但我的爱中没有什么迷恋之意，而是有一种朴素的甘甜的力量，且永不变化，不为自身乞求任何东西。

　　热爱祖国是人的一种实在情感：如果政府拥抱这种情感，它会变成一种高尚美德；倘若政府仅仅用之作为佯装、炫耀，它便会变为一种丑恶行为，既伤人也伤害其国家。

　　让我们热爱我们的国家，知其屈辱与破碎！

　　让我们在光明中去爱国爱民，无论光明会揭示出多少缺点与不足！因为在黑暗中的人只能像鼹鼠一样，总是在永恒的黑夜中挖洞。

论信仰

一只鸟自我心之深处飞出,直上青天,越飞越高,越飞越大;初如燕子一般大小,继而似金翅雀,尔后像雄鹰,直至变得像春天的云朵,充满了镶嵌着星斗的苍天。

一只鸟自我心之深处飞出,直上青天,越飞体躯越大。

虽然如此,它仍居于我心之深处。

啊,我的信仰!啊,我那任性多能的真知!

我怎样才能和你飞得一样高,与你同瞻影印在天幕上的人的巨大自身?

我又如何将我心之深处的海变成浓密的雾,伴你一道翱翔在无边无际的苍穹?

处于神庙暗处的囚徒能够看到神庙那镀金的圆顶吗?

果仁能够渐渐伸延,最后像果实包裹自己那样将果实包起来吗?

是啊,我宽厚温和的信仰!是的。我身缚铁链,被关在狭窄的监牢阴暗处,这由骨肉制成的隔墙将你我分开,我现在无法与你同飞向无垠世界。

然而你自我心之深处飞上广阔的天空,而你仍然居于我痛苦的心之深处,我对此感到心满意足。

论施舍

　　当你施舍时,你必定只拿出一小部分家财。既然只拿一星半点,那也就没有什么价值,因为那对你的家财来说,算不了什么,不过是你仓库中的一点烂物而已。你之所以进行贮备,目的在于应付明天之需。

　　明天!聪明的狗都会为明天打算;将骨头埋在沙土里,表面不留任何痕迹,而后,随朝觐者奔往圣地。

　　难道为来日需要而操心就不是需要?难道干渴者的井溢满水时,干渴便不再是缺水?

　　有的人家财万贯,随施舍无几,却也尽力沽名钓誉。贪图虚荣之心,使他们的施舍全然失色。有的人,虽所有无几,但却诚心诚意,全部用于施与。

　　有的人迷信生活,由于生活宽厚慷慨,故他们的财宝箱总是满满的。有的人乐于施舍,他们把欢乐当作施舍的收获。有的人苦于施与,他们把施与的痛苦当做洗礼。

　　还有些施舍者,他们既不知施舍之苦,亦不贪求欢乐,竭力避免宣扬自己的恩德。他们酷似河谷里的芳草那样,心甘情愿地献出自己的馨香。

这些人从了上帝的圣旨,从他们的眼神中,可以看到上帝在对着大地微笑。

有的人向你求其所需,你慷慨予之,这当然好;人不求你,你便知其所需,主动送之,这就更好。施舍者张开双手,打开心扉,乐于接近饥馑者,这要比捐赠品本身更加高贵难得!

在你的财产中,有什么能在你死时带去的呢?你今天占有一切,总要在某日放弃。劝君施舍些为妙,让广济博施之美德成为你生命之要素,千万莫将遗产留给继承人!

我常听你说:"我乐于施舍,但只给予那些应该受施者!"

清醒的人啊,难道你忘了,你花园里的树木,正像你牧放的羊群,决不会发表这样的言论!

树木慷慨施舍,目的在于生长;一旦停止施济,生命便告灭亡。

我有权对你说,人既然有权博得生命施舍,安享白昼、黑夜,那么,也应该获取你捐赠的一切。

人既然有权开怀畅饮生命大洋之水,那么,自然有权汲取你的溪水,灌满茶杯……世上哪有比勇于接受包括恩德、仁慈在内的施舍的沙漠更大的旷野呢?

你,你是何人?致使人们敞开胸怀,揭去豪侠、自尊面具,置体面于不顾,去贪求你的施舍!

首先要看你配不配做慷慨捐施者吧!

生命本身来自生命,你能施与,这是你的光荣,不过是你的施舍品之见证。

蒙受施舍的人,则不必佯装感恩戴德,免得给自己和施舍者脖子套上枷锁。

理应让施舍品化为翅膀,施舍者与受益人一同插翅飞翔;倘使受益人自感欠下了债,那意味着怀疑行善者的慷慨。博大土地乃行善者之母,尊贵上帝是行善者之父。

论时间

一位天文学家说:夫子,请给我们谈谈时间吧。

穆斯塔法说道:

你要衡量那不可测和不可限量的时间。

你要按照时辰和季节调整你的举止和行动,引导你的精神前进方向。

你要把时间视作一条小溪,静坐溪旁,观察溪水流淌。

但是,你那内心的永恒,却深知生命不能用时光限量。

也知道昨天只不过是今天的回忆,而明日不过是今天的梦。

你内心所歌唱和所思索的,仍然居于最初时刻的广阔空间里,那里散布着天空的浩繁星斗。

在你们当中,又有谁不觉得他那爱的力量是无穷无限的呢?

又有谁不感到,那爱虽则无限,却总绕着自身的核心转动,而不会从爱的一种思想转移到另一种爱的思想,从爱的一种行动转移到另一种爱的行为呢?

时间不正像爱一样,既是不可分割的,又是不可用步量的吗?

如果思维要你把时间分成季节，

那就让每一个季节围绕着其余季节，

让现在用记忆拥抱过去，用温情拥抱明天。

一个人说："导师，我害怕时光，时光从我们头上经过，掠走了我们的青春年华，又用什么代替它呢?"

穆斯塔法回答：

你现在抓起一把土，也许会发现里面有一粒种子，或许有一条虫子。假若你的手大而力足，那么，可使种子变成森林，能让虫子变为天使。不要忘记，将种子变森林、使虫子变天使的岁月，归根结底属于"现时"，漫长岁月均存在于这个"现时"本身之中。

论胜败

我的失败,我的挫折!我的孤独,我的寂寞!

对我说来,你比千百个胜利更珍贵;

在我心中,你比万国的嘉誉更甘美!

我的失败,我的挫折!我的自知,我的自卑!

我从你那里得知,我还是个卤莽的青年,

凋零破旧的桂冠不能吸引我;

我因你而感到孤独寂寞,

饱尝了逃亡、卑贱生活的折磨。

我的失败,我的挫折!

我的锋利宝剑,我的闪光盾牌!

我从你的眼神中读到:

人一旦登上皇帝宝座,也就变成了奴才;

人一旦自知灵魂深处,生命之书便将合盖;

人达完美境地之日,便是葬死入土之时;

人像果实,一旦成熟,便要落蒂脱枝。

我的失败,我的挫折!我勇敢的友伴!

只有你,才听得到我的歌声、静默、呐喊!

只有你,才对我谈起翅膀扇动、大海咆哮和漆黑夜下爆发的
火山!

只有你,才能登上我心中的巍峨山巅!

我的失败,我的挫折!我不灭的勇气!

你与我一道在暴风中大笑,

你与我一道挖掘坟坑墓道,

你与我一起挺立在太阳面前,

你与我一并为惊世的强暴。

论泪与笑

假若我们爱笑

日子里便充满烦恼；

如果我们哭泣，

我们的欢乐中必有原因。

人只有在心灵从被物质奴役下解放出来之后，才能知道怎样得到解放；也只有在清晨到来之后，才能晓得怎样微笑。

悲伤的朋友呀，你所挥洒的泪水比佯装健忘者的笑容要美，较嘲讽者的大笑要甜。那泪水可以洗刷掉心上的憎恶污垢，挥泪者能够学到如何与伤心人的情感共通。那是拿撒勒人耶稣基督的眼泪。

　　我既不用人们的欢乐替换我心中的悲伤,也不想让忧伤在眼里凝成的泪水转而化做欢笑。但愿我的生活亦泪亦笑:泪,可以净洁我的心灵,使我晓知生活的秘密与奥妙;笑,可以使我接近同胞,并成为我赞美主的象征与记号。泪,我可让它与我共同承担心里的痛苦;笑,可以成为我对自己的存在感到欣慰的外在标志。

　　我宁愿在充满渴望中死去,不想在萎靡无聊中偷生。我希望我的心灵深处充满对爱和美的饥渴追求。因为我仔细观察过;在我看来,那些永不满足的贪婪之徒是最可悲的人,更接近于死物。因为我侧耳聆听过;在我听来,满怀雄心壮志者的长叹,远比二三弦琴声甜润。

　　夜幕降临,花儿收拢自己的花瓣,拥抱着自己的渴望进入梦乡;清晨到来,她又开启自己的香唇,迎接太阳神的亲吻。花的生命是渴望与交往,是泪亦是笑。

　　海水蒸发,化为水蒸气,升入天空,然后聚而成云,信步在丘山、谷地之上,遇见和风,便泣而降下,洒向田间,汇入溪流,然后回到自己的故乡大海。云的生命是分别与相见,是泪亦是笑。

　　人也如此,脱离精神世界,走入物质天地,像云一样,走过痛苦高山,跨过欢乐平原,与死神吹来的微风相遇,终于回到原地——爱和美的大海,回到主那里……

论善与恶

城中的一位长老说：请给我们谈谈善与恶吧。

穆斯塔法说：

你们的善，我能够谈，但不能谈恶。

恶，不就是被自身饥饿折磨得精疲力竭的善吗？

确确实实，善临饥饿之时，会到黑暗山洞里去觅食；善到干渴之时，会去饮死水。

你与自我合而为一时，你则是善者；

如若不能合而为一时，你就是恶人。

一座被分隔的房子，并不是贼窝，仅仅是一座被分隔的房子罢了。

一条船没有舵，或许会漂泊在充满险阻的群岛之间，但却不会沉入海底。

当你努力自我奉献时，你是善者；

但是，当你为自己谋求利益时，你也不是恶人。

当你为自己谋利时，你就像树根，深扎在大地里，吮吸大地的乳汁。

当然，果实不能对树根说："你要像我一样成熟、丰硕，永远奉献。"

因为对于果实来说，奉献是一种需要，而对于树根说来，吸收也是一种需要。

你在完全清醒时谈话，你是善者；

而你在微睡时，口舌无目标地发出呓语，你也不是恶人。

或许结结巴巴的话语，能扶助柔弱无才的口舌。

当你迈着坚定的步伐走向目标时，你是善者；

但你步履蹒跚时，你也不是恶人。

瘸子虽拐，却也不会后退。

你们这些身强力壮、健步如飞的人，

不要出于对瘸子的同情和怜悯，便在瘸子面前故作跛子行路。

在数不清的事情上，你是善者；

但是，你一时逃避善事，你也不是恶人。

你只不过迟缓、疏懒罢了。

在你渴求"大我"之中隐藏着善；你们每个人的心中都有这种渴求。

但是，在你们部分人的心中，这种渴求如同汹涌的洪流，挟带着山丘的秘密和森林的颂歌，滔滔奔向大海。

而在另一部分人的心中,这种渴望像平缓的小溪,徐徐徘徊在弯弯曲曲的途中,迟迟不到海边。

　　但是,千万不要让渴求强烈的人对渴求淡薄的人说:"你为什么行动如此迟缓?"

　　因为真正的善者不会问赤身裸体者:"你的衣服在哪里?"

　　也不会问流浪汉:"你的房子是怎样坍塌的?"

论诗与诗人

诗是迷心醉神的智慧。

诗是大量欢乐、痛苦和惊奇，外加少许语汇。

诗不是表述出来的一种意见，而是从带血的伤口或微笑的嘴里溢出来的一支歌。

众人们！诗是有形的神圣灵魂，来自苏醒心灵的微笑，或者催人泪下的叹息。诗是幻影,寄居在神魂,饥餐心田,渴饮情感。

诗人是一位退位的君王,坐在自己的宫殿废墟里,试图从废墟里塑造出一种形象。

诗人是画师,用他情感的颜色描绘他周围的影像,用言词记录由他的国家心中升腾而起的欢曲、痛吟及希望与失望、绝望之歌。

诗人同时又是一面镜子,可以反射出人们心中暗藏的愿望和被伏在神胸里的遥远距离。

诗人也是绝对灵魂手中的六弦琴,在静夜之中弹奏出动人的乐曲,波涛起伏在天堂至高处与地狱最深渊之间。

他是连接今日世界与未来世界的一环。他是供干渴心灵饱饮的甘泉。他是植于美河之畔的树,结出的成熟果子供饥饿的心餐食。他是夜莺,跳动在话语的枝条上,唱出的歌使人们周身充满文雅、温柔。他是白云,生于曙光线上,继而扩展上升,充满整个天空,然后降下甘露,供生命田野之花饱饮。他是神差的天使,教人们理会神性。他是灿烂灯光,黑暗压不倒,星斗难掩藏,死神阿施塔特为之添油,乐神阿波罗将之点燃。

他单身一人,穿朴拙,食斯文,坐在大自然的怀抱中,一心学习创造;夜深人静之时不眠,等待灵感降临。他是一位农夫,将心的种子播撒在情感的园地,丰收的庄稼供人类收割、食用。

这就是诗人!诗人在世时不为人知;而在他辞别这个世界、返回天国之时,人们才晓得他的价值。这诗人只要求人类报之微微一笑;这诗人气息升腾,使整个天空充满活生生的美丽幻影,而人们却不肯给他一片面包,更不肯给他一个栖身之地。

诗人啊,生命的生命啊,你们不顾岁月严酷,征服了岁月;你们不畏虚假芒刺,赢得了桂冠;你们占据了人们的心灵,这占据无始无终。

力量能够把种子播在我的心田,我来收割,集起谷穗,将之一捆一捆地送给饥馑者。

灵魂使这微小的葡萄树成活,我则把它结出的葡萄榨成汁,送给干渴的人喝。苍天给这盏灯添满了油,我则将它点上,放在我家窗口,为夜下行人把路照亮。我之所以做这些事情,因为我依靠它而活着。假若白昼禁止我的行动,黑夜又将我的双手捆起,我则求一死。因为死最适合于一个被其民族抛弃的先知和在乡亲中被视为异乡人的诗人。

人们像暴风一样喧嚣,我则静静地叹息。因为我发现暴风的怒吼会消失,会被世代的汪洋大海吞噬,而叹息则与上帝一起永存。

人们贪恋冰雪一样寒冷的物质,我则追求爱的火焰,将之抱在怀里,让其吞食我的肋骨,消蚀我的五脏六腑。因为我熟知物质能使人毫无痛苦地死去,而爱情则用痛苦使人复活。

论今天与昨天

时代多么奇怪！我们多么奇怪！时代变了，我们也变了。时代前进了，也带着我们前进了。时代揭去自己的面纱，令我们忘却忧烦，笑逐颜开。

昨天，我们还在埋怨、畏惧时代，今天，我们却对它珍惜、喜爱，而且晓得了它的意愿、气质，知道了它的秘密、奥妙所在。

昨天，我们还在小心翼翼地爬行，如同阴森夜里、恐怖日间战栗的人影；今天，我们满怀激情，向山巅挺进，那里潜藏着狂烈风暴、耀眼电闪、震耳雷鸣。

昨天，我们吃着和血的面包；今天，我们从晨姑手里接过美味佳肴，畅饮着芳香四溢的玉液琼浆。

昨天，我们是司命之神手中的玩具，司命之神是个醉汉，将我们左右摆弄；今天，醉汉已经清醒，我们逗他笑，哄他玩，欢乐与共。

昨天，我们在偶像前烧香，在怒神前宰牲上供；今天，我们为自己焚香宰牲，因为至大至善之神的庙宇已建在我们的心中。

昨天，我们屈从君主，在权贵面前俯首；今天，我们只向真、善、美、热诚折腰。

昨天,我们在星相家面前垂泪,畏惧阴阳家的胡言;今天,时代变了,我们也变了,我们只看太阳光焰,只听大海歌唱,只伴狂飙起舞。

昨天,我们拆毁灵魂里的凉亭,为先辈建造坟墓;今天,我们的灵魂变成神圣祭坛,故魂难以靠近,朽手不能触摸。

昨天,我们只是沉默的思想,隐匿在被遗忘的角落中;今天,我们变成了巨大响声,整个寰宇为之震动。

昨天,我们是灰烬下的星星之火;今天,我们变成了燎原大火,怒燃在山谷斜坡。

有多少夜晚,我们不能安眠,头枕泥土,身盖雪片,痛哭失去的佳运和友伴。有多少白天,我们像无人牧放的群羊,卧在地上,啃食我们的思想,咀嚼我们的情感,然而依旧饥渴难言。有多少时辰,我们站在逝去的日、夜之间,哀号凋零的青春,惊问为何如此孤单;我们凝视着空荡漆黑的苍穹,静听死一样沉寂中的悲叹。

无数代人,像出没墓地的群狼一样飞闪而过;如今,天空晴朗,我们早已清醒,可高枕安度良宵,任想象纵横驰骋。火把在我们周围晃动,伸手可触;鬼魂在我们四周升腾,气息可闻;天神乐队在我们面前经过,我们欢欣陶醉。

昨天,我们是那样;今天,我们的情况变了。我们是神的儿子,这是神给予我们的希望。猴孙们,猴祖先对你们有何祝愿?

自打你们从地缝里钻出来时起,你们可曾前进过一步?自打魔鬼扒开你们的眼睛时起,你们可曾抬眼向上看过一次?自打毒蛇吻过你们的嘴巴时起,你们可曾说过一句真理? 自打死鬼塞住你们的耳朵以来,你们可曾听到过生命之神的歌声?

七万年之前,我看到你们像虫子一样,在山洞里爬来滚去。

七分钟之前,我透过玻璃窗望去,发现你们正在骷髅胡同里行走,无名鬼为你们带路,奴隶的镣铐羁绊着你们的手脚,死神在你们头上耀武扬威,振翅鼓翼。

你们的今天,就像你们的昨天,也将成为你们的明天。你们将永远像七万年前那样生活下去。

我们昨天是那样,今天迥然不同,这是神赐予神子的福分。猴孙们,猴祖先对你们有何恩赐?

论理智与热情

女祭司又开口说：请你给我们谈谈理智与热情吧。

穆斯塔法答道：

你的心灵常常是战场，你的理智、判断总在那里和你的热情、嗜好打仗。

我真想作为一个和平的调解人莅临你的心灵中，将那里相互对立、争斗的因素融合为彼此谐调的一体，共奏同一支乐曲。

但我的愿望难以实现，除非你的心灵致力于和平，并且钟爱你心灵中的各种因素。

你的理智和你的热情，是你那航行在海上的灵魂的舵与帆。

一旦舵毁或帆破，海浪就会把船抛离航线，或使船漂泊在海面。

因为理智独自当权，就会变成禁锢你的力量；而热情，你们一旦听任之，便化为火焰，甚至自焚。

那么，就让你的灵魂带着你的理智飞至热情的最高点，直至引吭高歌。

让你的灵魂用理智引导你的热情，让它在每日复活中生存，像凤凰一样自焚,然后从灰烬中重生腾飞。

但愿你将你的判断和嗜好当做两位嘉宾对待。

切不可厚此薄彼,因为如果厚待其一,便会失去两位嘉宾的爱戴与信任。

在山林中,你坐在白杨树荫下,享受着来自田野和草原的宁静与清凉,就让你的心反复默念:"上帝之魂静息于理性之中。"

当风暴刮起,暴风撼动林木,雷鸣电闪显示苍天威严之时,就让你的心敬畏地默念:"上帝之魂波动于理性之中。"

既然你是上帝天空里的一股气息,又是上帝森林中的一片叶子,你也应在理智中静息,在热情中波动。

论寂寞与孤单

生活是寂寞与孤单大海中的小岛。

生活是小岛,其石是希望,其树是梦想,其花是沉寂,其泉是干渴。它坐落在寂寞与孤单大海之中。

兄弟,你的生活是远离所有岛屿和地域的一个孤岛,不管有多少船驶向另一岸边,也不论有多少船队来到你的海岸,你总还是你,你是一个孤零零的小岛,只有自己的孤寂痛苦,只有自己的遥远欢乐,只有自己的无名思念,只有自己的秘密隐私。

兄弟,我看见你坐在金山上,为自己的富有得意忘形。你认为每捧金沙里都有一条无形的路,将你与人们的思想接通,把你与人们的爱好联结。你像一位伟大的征服大将军,统帅着常胜大军,攻占碉堡,夺取工事,无坚不摧,所向披靡。可是,我再看看你,却发现你的仓库墙后有一颗心在寂寞与孤独中跳动,在一只嵌着宝石的金笼子里跳动,干渴难耐,然而笼中无水。

兄弟,我见你坐在荣誉宝椅上,四周围满了人,个个口咏你的名字,人人赞颂你的功德,夸奖你的才智。目不转睛地望着你的英容,仿佛他们站在一位圣人面前,圣人正用自己的意志举起他们的灵魂,携带着众灵魂遨游在群星之间。你望着他们,你的脸上挂着欢悦的表情，显得那样强大无敌，仿佛你就是他们的灵魂。可是，我再次看你，却发现你那孤孤单单的自身站在你的宝椅旁，正为自己的寂寞而痛苦，又因自己的孤独而哽咽，之后，我见你的自身将手伸向四面八方，似乎在向无形的幽灵祈求同情与怜悯。其后，我看到你的本身正凝视一个遥远的地方，一个什么也没有的地方，一个只有你的寂寞与孤单的地方。

兄弟，我见你恋上了一位漂亮女子，你便把自己心中的蜜糖倾倒在她那头发中分处，而她的双掌上也堆满了你的唇印。她望着你，她的双目中放射着充满柔情的光芒，她的唇边挂着慈母般的甜润笑意。我暗自说："爱情已经赶走了这个人的寂寞，消除了这个人的孤单。他又与完整的普通灵魂取得了联系。过去，爱情曾以独处与淡忘将他与完整的普通灵魂分开；如今，完整的普通灵魂又用爱情将他拉入了自己的怀抱。"可是，我再仔细瞧瞧你，却发现你那颗热恋的心，仍然是颗孤零零的心，很想把心底里的蜜糖倾倒在心爱的女子头上，然而却无能为力。我发觉你那融化爱情的灵魂背后还有另外一颗灵魂，孤孤单单、形影相吊，宛如云雾，很想把女友手中的东西化为几滴泪水，但却不能如愿以偿。

喂，兄弟，你的生活是一座孤零零的房舍，远离所有的屋宇与区域。

你的精神生活是一座房舍，远离人们以你的名字称呼的表面现象之路。假若这房舍是黑暗的，你却无法用邻居的灯将之照亮；假若这房舍是空的，亦无法用邻居的财产将之装满；假若这房舍坐落在沙漠上，你也无法将之搬到他人培植的花园里；假若这房舍坐落在高山之巅，你更不能把它移入他人之脚踏过的谷地。

　　喂,兄弟,你的理性生活被寂寞与孤单包围。如果没有这寂寞与孤单,你也就不成为你,我也就不是我。如果没有这寂寞与孤单,我听到你的声音,我会以为自己在说话;我看到你的面孔,我会以为自己在照镜子。

论欢乐与忧愁

我们选择我们的欢乐和忧愁,是在我们长期体味它们以前。

忧伤不过是两座花园间的一堵墙。

你的欢乐或忧伤一变大,世界在你的眼里就变小了。

今日的悲哀中最苦的东西,恰是昨天欢乐的追忆。

我们终生住在谷地，

两侧翻飞着苦难的幻影。

我们看到忧愁成群，

就像群群沙鸡飞过我们头顶。

一个人，倘若不是孕于忧愁，生于失望，并且又被钟爱投入梦幻之中的话，那么，他的生活就像大自然这本书里只字不见的白纸一页。

我想与忧伤说话，却发现它是不会说话的哑巴；假若忧伤会说话，那定比欢乐还要甜美。

愁苦生着丝绸般柔软、神经极端敏感的手，它能牢牢抓住人的心，令其尽尝孤独寂寞之苦。孤寂是愁苦的同盟军，同样也是每一种精神活动的亲密伙伴。面对孤独寂寞作用和惆怅苦闷影响的少年的心灵,颇像刚刚出花萼的白色百合花,在微风前瑟瑟抖动,花心迎着黎明之光开放,随着黄昏暗影的经过而合上花瓣。

悲伤的朋友啊,假若你知道你所面临的灾难正是照亮心房的力量,并且将心灵从被蔑视提高到被尊重的地位,那么,你一定甘心承受它,甘愿受它的威力教化;你一定会明白生命是一条多环锁链,环环相扣,痛苦则是屈从当前处境与向往明日欢乐之间的一个金环,正像清晨介于睡梦与苏醒之间。

看不到悲伤的人,也便看不到欢乐。

我的忧愁诞生了,我用关怀的乳汁哺育它,用爱怜的眼睛守护它。

我的忧愁像一切生命那样,长得健壮、漂亮,精神饱满,欢天喜地。

我爱我的忧愁，我的忧愁爱我。我们都爱周围的世界。我的忧愁心地慈悲而善良，故也将我的心变得善良而慈悲。

我和我的忧愁一起聊天，我们将梦幻当做白昼的翅膀，把幻梦当做黑夜的腰带。因为我的忧愁口齿伶俐、能言善辩，故也将我变得能言善辩、口齿伶俐。

我和我的忧愁一起唱歌，我们的邻居都临窗而坐，争相聆听我们的歌声。因为我们的歌声像大海一样深沉，像记忆一样奇妙难言。

我和我的忧愁一起行走，人们用饱含慕爱与敬佩的目光眷恋地凝视着我们，用最温馨、最甘美的语词谈论我们。然而也有那么一部分人，用嫉妒的目光望着我们。因为我的忧愁纯洁、高尚，使我深深为之感到自豪。

我的忧愁像一切生命死去那样死去，只留下我独身一人，形影相吊，苦思冥想。

如今，每当我说话，我的耳朵便觉得我的声音无比沉重；每当我唱歌，再无邻居临窗聆听；每当我漫步街头，已无人留神我的面容。然而我却有无限慰藉之感，因为我在梦中听到一种声音悲痛忧伤地说：

"你们看，你们看啊！这个躺着的人，他的忧愁已经死去。"

你们的欢乐，正是你们揭去面具的悲伤。

供你汲取欢乐的井，常常充满着你们的泪水。

事情怎会不如此呢？

悲伤在你们心中刻下的痕迹愈深，你们能容纳的欢乐便愈多。你们盛酒的杯子，不就是曾在陶工的窑中烧的那只杯子吗？

使你们心神愉悦的那把琴，不是刀刻的那块木头吗？

当你沉浸在欢乐之中时，深究你的内心深处，就会发现曾是你的悲伤泉源的，实际上是你的欢乐所在。

当你沉浸在悲伤之中时，重新审视你的心境，就会发现曾是你欢乐泉源的，实际上又成了你的悲伤所在。

有人说："欢乐大于悲伤。"

另一些人说："悲伤更大。"

我要对你们说，悲欢是互相不可分离的。

悲欢同至，其中一个在与你同桌共餐，另一个则正睡在你的床上。

实际上，你们就像天平的两个盘子，悬在你们的悲与欢之间。

只有你们的心中空空时，那两个盘子才能平衡，你们的情况才会稳定下来。

当司库举起你用来称量他的金银时，你的悲与欢就不免要升或降了。

论富有与贫穷

最穷者与最富者之间的差别，不过在于一整天的饥饿和一时辰的干渴。

朋友啊！穷困可以映出心灵的高尚，而富贵只能暴露灵魂的卑贱；痛苦能镇定情绪，而欢乐则能愈合创伤。因为人们挥霍无度，寻欢作乐，仍然有增无减。就像他们以圣书之名做圣书忌讳的坏事一样，在人道主义的名义下干人道主义所拒绝的勾当。

假若贫困消失、痛苦远离，那么，心灵就会变成一张空白纸，上面只留下表明自私自利、贪得无厌的数字及意为肮脏欲望的词语。

穷朋友啊，你从田地中回到家里之后，与妻儿一起度过的时辰,那是未来人类家庭的象征,也是后代幸福的标志,而富翁在金库里度过的一生,则类似于坟墓中的虫蚁生活,那是可怕的象征。

穷苦人啊,你播下的,却被富有的强者收获的力量,必将回到你的手里。因为按照自然法则,万物总会归根。悲伤人呀,你所面临的悲伤,必将按照天意化为欢乐。

后代人将从贫困中学到平等,从悲伤中学到爱情。

富翁道:"往昔,我曾在葱绿的山冈间牧羊,高高兴兴地生活,吹起我的芦笛,表达我的由衷欢乐。如今,我竟成了贪欲的俘虏,钱财把我引向钱财,钱财又把我引入醉生梦死,醉生梦死将把我带入不幸境地。往昔,我像鸟儿一样鸣啭歌唱,像蝴蝶一样款款飞舞。微风踏草头的脚步并不比我踏田野的脚步更轻。看哪,如今我却成了社会习俗的囚徒:靠穿着矫揉造作,不时出入筵宴;一切工作全为了讨好人类及其法规。我本期望我为享受人间快乐而生;然而今天,我发现自己为金钱所累,步上了一条痛苦之路,就像背驮黄金的骆驼,黄金将要置骆驼于死地。宽广的平原在哪里? 唱歌的小溪在哪里? 清新的空气在哪里? 大自然的高贵在哪里? 我的心神又在何方? 我已失去了这一切,留给我的只有黄金;我喜欢黄金,而黄金却嘲笑、蔑视我。我的奴仆多了,而我的欢悦少了;我的宫殿高耸,却毁灭了我的快乐。

往昔,我与游牧民的女儿同行,纯美贞操伴着我们,纯真的爱情是我们的挚友,皎洁的月光为我们照明;如今,我却身陷于一帮女人之中:她们一个个伸长脖子,挤眉弄眼,借金链、饰带换取艳美,见镯子、戒指便出让皮肉。往昔,我与青年们像一群羚羊活跃在林间,一道歌唱,共享田野之乐;如今,我在众人之间,就像猛禽爪中的羔羊,走在大街上被人们用讨厌的眼光盯视,被人们的嫉妒手指指点,到游览地看见的尽是高昂的头和冷酷的脸。往昔,天赋予我以勃勃生气,饱尝大自然之美;如今,这两项天福在我已被完全剥夺。往昔,我是个饱享幸福的富翁;如今,我变成了一贫如洗的穷光蛋。往昔,我与我的羊,就像仁慈的国王与其臣民;如今,我与我的金山,就像低贱的奴隶站在主人面前……我没有想到金钱会遮蔽我的心眼,将我的心灵引向愚昧深渊;我也不知道被人们视为荣誉的东西,却像地狱之火一样灼烧人心……"

富翁原地站起身来,缓步向自己的宫殿走去,不住地叹息道:"莫非这就是钱财?难道这就是神,我已成了它的祭司?莫非它就是我们用生命买来的,却不能用它换回一丝生命?我付出一堪他尔①黄金,谁能卖给我一美好想法?谁能用一把珠宝换得一分钟爱情?谁能拿走我的金库,仅仅给我一只能看到美的眼睛?"

富翁来到殿门前,就像耶利米②望耶路撒冷城那样,朝城市望了一眼,并用手向城市指了一下,仿佛在向城市表示哀悼之意,并高声说道:"人们啊,你们走在黑暗中,坐在死神阴影下,紧追困苦,胡乱断案,倾吐蠢言,只吃芒刺,却把果和花丢进深渊……如此行动,会延续到何年何月?你们走崎岖小道,栖身废

纪伯伦论人生 | 论富有与贫穷

墟之间,抛弃生命乐园,如此生活将继续到何日何年?绫罗绸缎锦衣已为你们做好,你们为什么却要穿破衣烂衫?人们哪,智慧之灯行将熄灭,快给它添些油吧!流浪汉要破坏你们的葡萄园,快起来保卫它吧!盗贼偷了你们的舒适库房,你们要当心呀!"

就在那时,一个穷人站在了富翁的面前,伸手向他讨钱。富翁望着穷人,颤抖的双唇合起,紧皱的面容舒展开来,双目间闪出温和的光芒。他在湖边痛惜的往昔已经走来向他问安。于是,他走近乞丐,亲切、平等地吻了吻他,并将一把黄金递到穷人手里,怜悯之情充满话语间:"兄弟,你现在拿着这些金子,明天和你的伙伴一道来,把你们的钱财都拿回去吧!"穷人就像凋零的花儿雨后重新鲜活起来,微微一笑,快步离去。

富翁进到殿堂,说道:"生活中的一切都是美的,钱财也不例外,因为它能教人警句格言:钱财如同风琴,不善弹奏者只能听到不悦耳的噪音;钱财又像爱情,令吝啬鬼死亡,让慷慨者永生。"

---

① 堪他尔,重量单位,等于 45 公斤。
② 耶利米(约前 650—前 575),犹太人,大祭司希勒家的儿子。他原为便雅悯地区拿突城的祭司,奉上帝召见之后,成为列国先知。在约雅敬、约雅斤、西底家三个犹大王朝时期,耶利米一直四处传道,说了很多预言。因他所说的预言触怒当局,一再受到迫害。犹大国王西底家第十年,因他说了西底家必被巴比伦王打败的预言,就被西底家囚禁起来。巴比伦攻破耶路撒冷城后,却把耶利米放了出来,并送给他粮食和礼物,让他自由选择去向。相传,《圣经》中的《耶利米书》和《耶利米哀歌》为耶利米所作。